El ASG de la Sostenibilidad Corporativa

Por Jorge Hoyos

Clara Govela Editorial

CONTENIDO

Dedicatoria

Agradecimientos

Prólogo

Capítulo 1: Legado

Capítulo 2: Romper Patrones

Capítulo 3: Más allá de los límites establecidos

Capítulo 4: Diversidad e Inclusión

Capítulo 5: Gobierno Corporativo

Capítulo 6: Innovación

Capítulo 7: Ambiental

Capítulo 8: El Ajuste de Cuentas

Capítulo 9: Economía

Capítulo 10: Filantropía

Capítulo 11: El ASG al final es un número

Capítulo 12: Trascendencia

*Para Esos **estudiantes eternos**, que quieren superarse a diario y sacar el mayor provecho de las lecciones que la vida cotidiana nos da.*

***Los empresarios** que buscan mejorar sus negocios para generar un valor a la sociedad.*

Agradecimientos

A mis papás, quienes ambos me enseñaron lo que era la igualdad. Que dedicaron sus días enteros a la educación de mi hermana y la mía. Gracias al esfuerzo de ambos pude desarrollarme, y me apoyaron en todo momento. Me enseñaron lo que eran la resiliencia, el amor y la bondad. Siempre estuvieron presentes y nunca nos soltaron; me hicieron sentir muy afortunado y amado.
Me retaron siempre a superarme día a día; sabían que podía con todo, pero siempre con el enfoque en ayudar al prójimo y buscar mejorar nuestra sociedad.

A mi tía Carmen y mi tía Martha, quienes desde pequeño estuvieron al pendiente de mis cuidados e incluso permitieron que mi madre pudiera seguir desarrollándose profesionalmente y me acogieron como a un hijo.

A Jorge, mi gran amigo, una persona que siempre veía por el bien social, se preocupaba por las personas a su alrededor y sus seres queridos, y nos hacía sentir parte de su casa. Estoy seguro de que más personas como tú le hacen falta al mundo.

Prólogo

Corría el año 2001. Mi mamá y mi papá habían iniciado un negocio familiar de una tienda de materiales para la construcción, llamada "JERSA Materiales". Mi abuelo materno, Jesús, nos ayudaba en la tienda cuidando y vendiendo. Por supuesto, él contaba con su sueldo como cualquier otro empleado. También contábamos con más personas que nos ayudaban con el transporte de mercancía, entre otras actividades. Durante esos años, uno de mis tíos iniciaba un negocio muy innovador, "G&B Stores", en el cual los clientes llamaban a la oficina y se les tomaba el pedido para que, después, los colaboradores fueran a las tiendas solicitadas a surtir la despensa y llevarla a sus casas, así como a algunas empresas dentro del corredor industrial para abastecer su servicio de comedor. El negocio tradicional de la tienda de materiales cerró unos años después, cuando falleció mi abuelo, y meses más adelante, el negocio innovador cerró debido a las condiciones externas que se presentaron.

¿Qué pudieron hacer estos negocios para crecer, prosperar y, sobre todo, ser sostenibles? ¿Qué los hace perdurar y sobrevivir la prueba más importante? La prueba del tiempo.

Capítulo 1: Legado

Me encontraba en casa de mis abuelos maternos, Jesús García y Gloria González. Ahí llegábamos casi todos los días, desde que tengo memoria. La casa de ellos es un epicentro donde siempre llega toda la familia de manera cotidiana; es extraño ver esa casa vacía. Para mí, era algo normal ver a toda mi familia muy seguido, a todos mis primos, tíos y varios amigos de la familia reunidos, aunque solo fuera para la hora de la comida. Una casa llena de amor, más allá de todo, o eso sentía yo. Recuerdo muchas pláticas y anécdotas con cariño, y añoro que mis futuros hijos puedan tener este tipo de recuerdos y sentimientos.
Mi abuela materna, Gloria, a quien le decimos "Yoyita", venía precisamente del municipio de González, una coincidencia curiosa. Pero lo que siempre me llamó la atención fueron las historias de su padre, mi bisabuelo José.

Mi bisabuelo José era una persona emprendedora y visionaria, adelantada en términos de economía para su época y región. A pesar de no haber completado la educación primaria, tuvo la capacidad de ingeniárselas y pensar más allá de lo que sus conocimientos intelectuales podían aportar. Sus negocios se desarrollaron en el municipio de González, Tamaulipas, una región rica en agricultura, especialmente en la producción de sorgo y maíz. González es un lugar pequeño donde prácticamente todos se conocen, pero sus agricultores trabajan y comercializan con los municipios cercanos.

¿Cuál es la razón de mi existir? ¿Cuántas veces no nos hemos preguntado la razón de nuestra existencia? ¿Cómo hemos hecho que el mundo sea mejor con nuestra existencia? Debo apuntar que el propósito de un individuo no se encuentra alejado del de una empresa. Quiénes somos nos motiva o inspira a ser cada día mejores, lo que da sentido a nuestras vidas. Ese propósito nos ayuda a dar una dirección y significado a nuestras actividades.

La razón de ser y existir de una empresa es su propósito, el cual se encuentra sustentado en su misión y visión. Ayuda a incrementar su valor y es la guía que sustenta sus estrategias.

Mi bisabuelo, como muchos habitantes del municipio de González, comenzó a sembrar y cosechar sorgo y maíz. Esto le permitió desposar a mi bisabuela y darle la vida que le había prometido. Con el tiempo y un arduo trabajo, formó una familia de seis mujeres y tres hombres. Al inicio, la responsabilidad era solo con mi bisabuela, pero luego tuvo que producir lo suficiente para sustentar a toda su familia.

Con el crecimiento de la familia, llegaron las lecciones de emprendimiento y el desarrollo de estrategias para continuar con sus actividades y mantener el nivel de vida al que estaban acostumbrados. Las ganancias generadas por la siembra y cosecha de sorgo permitieron a mi bisabuelo expandir el tamaño de sus tierras. Contrató más personal, compró más semillas, herramientas y maquinaria para aumentar la producción, que luego comercializaba en los municipios aledaños.

A medida que seguía expandiendo sus tierras, mi bisabuelo se preguntaba por qué otros agricultores vendían sus tierras y no se expandían como él. Se manejaba con el dicho: "Cuando te venden, compra, y cuando te compran, vende", haciendo alusión a la Ley de Oferta y Demanda. Compraba a precios accesibles y vendía cuando las personas tenían recursos suficientes para adquirir bienes a precios convenientes.

Su curiosidad lo llevó a investigar por qué él se expandía mientras otros abandonaban el negocio. El primer revés vino cuando parte de sus cosechas quedaron sin venderse debido a un mercado saturado.

¿Desarrollo, Penetración o Diversificación?

Para la época, era muy complicado pensar en algún tipo de expansión agresiva, en el sentido de que la globalización como la conocemos hoy en día era un poco más compleja. No se contaba con las herramientas suficientes como para llegar a todas partes del mundo como hoy en día, por lo que había que comenzar a buscar otras estrategias que permitieran continuar creciendo.

		Productos	
		Actuales	Nuevos
Mercado	Actuales	Penetración de Mercado	Desarrollo de Producto
	Nuevos	Desarrollo de Mercado	Diversificación

Matriz de Ansoff

> La *matriz de Ansoff* es una herramienta que ayuda a visualizar todas las direcciones que una compañía puede seguir para avanzar y crecer. Facilita la identificación de oportunidades y riesgos de mercado, lo cual permite tomar decisiones estratégicas de manera informada.

En aquel entonces, se requería una enorme cantidad de inversión para poder expandir el radio de influencia de cualquier organización, invertir en transportes y relaciones para mover el producto, buscar alianzas de forma estratégica y explorar nuevas oportunidades.

Decidió diversificar sus cultivos sembrando tomate y cebolla, sin dejar de lado el maíz y el sorgo. Durante aquella época, parecía la mejor decisión, ya que explorar otras regiones o países implicaba otras gestiones que serían mucho más complejas que la decisión tomada en ese momento. Podría haber continuado sembrando sorgo y maíz en mayores cantidades; sin embargo, el mercado al que iba dirigido seguiría siendo limitado. De esta forma, habría abierto una nueva posibilidad, al tener más productos que ofrecer al mismo mercado al que ya tenía acceso, permitiéndole seguir incrementando sus ingresos. Las herramientas de la época no lo detendrían, y encontraría una forma de alcanzar su objetivo.

Saber hacer las cosas y confianza

Al momento de introducir nuevos productos al mercado, él también debía estar seguro del trabajo que estaba realizando, tener confianza en sus trabajadores y saber dónde enfocar sus esfuerzos. No debía estar en un lugar todo el tiempo para que el trabajo se realizara de la manera en que los empleados estaban preparados. Prestó menor atención a las actividades que dominaba, enfocándose en las que tenían mayor riesgo. Delegó responsabilidades y supervisó menos frecuentemente las tierras de maíz y sorgo, mientras asistía diariamente a las tierras de tomate y cebolla.

> *"Puedes ser todo lo virtuoso que quieras, pero no eres nadie sin tu equipo."*
>
> *Zinedine Zidane, 2018*
>
> *Balón de oro 1998, Campeón del Mundo con Francia en 1998*
> *Ganador de Champions League con el Real Madrid como (1) jugador y (3 consecutivas) entrenador*

La diversificación permitió a mi bisabuelo continuar expandiendo sus negocios. Involucró a su familia, enseñando a sus hijos la importancia de los negocios. Consolidado en la agricultura, incursionó en el sector retail, abriendo una seleccionadora que comercializaba los mejores productos, penetrando el mercado existente y desarrollando nuevos mercados potenciales. Con la familia involucrada, abrió otros negocios, como una zapatería, apoyando la economía local. Sin embargo, los ideales machistas de la época influían en la educación, enfocada principalmente en los hijos varones. Mi abuela Gloria y su hermana Beatriz, mujeres inteligentes, vivieron en un ambiente de desigualdad. Mi bisabuelo, a pesar de su visión empresarial, seguía los ideales de la época.

Prejuicios y desigualdad de oportunidades

La desigualdad de oportunidades es generada por factores que los individuos no pueden controlar; puede deberse a circunstancias que se presentan o que son inherentes, como el lugar de nacimiento, la situación socioeconómica de procedencia y el género. Y, en sí, tienen consecuencias que quedan fuera del control de las personas.

A medida que los hijos crecieron y formaron sus familias, surgieron desafíos al integrar a las nuevas parejas en los negocios familiares. Los hijos varones recibieron tierras y recursos, mientras que mi abuela se casó con un hombre trabajador, mi abuelo materno Jesús, pero sin muchas posibilidades económicas. Aun así, él se enfocó en la educación equitativa para sus hijos, aunque a pesar de las buenas intenciones de mi abuelo Jesús y sus esfuerzos, quedaba en clara desventaja.

Los negocios de mis bisabuelos crecían, y mi abuelo apoyaba la educación de sus hijos, llevándolos al campo durante las vacaciones para aprender. Mi madre siempre destacó en la escuela gracias al apoyo de sus padres y abuelos.

Las historias en casa de mi abuela eran alucinantes; siempre nos hablaban de mi bisabuelo como un ejemplo de superación y de empresario. A pesar de sus ideales machistas, apoyó a las futuras generaciones. Los varones, con recursos y educación, seguían el ejemplo de su padre, pero sin mucho éxito en sus matrimonios debido a la falta de preparación para administrar los negocios.

> *"Mira, Simba. Todo lo que toca la luz es nuestro reino. El tiempo de un soberano asciende y desciende como el sol. Algún día, Simba, el sol se pondrá en mi reinado y saldrá contigo siendo el nuevo rey."*
>
> **Mufasa, El Rey León, 1997**
>
> El Rey León

Con el tiempo, los negocios familiares enfrentaron dificultades. Tras la muerte de mi bisabuelo, se vendieron tierras y maquinarias obsoletas. La frase "Para mandar, debes saber hacer las cosas" resonaba en la familia.

Mi abuelo materno, Jesús, impulsó la educación de sus hijas, incluyendo a mi madre y mis tías, quienes se convirtieron en un ejemplo de superación profesional. Crecí rodeado de amor y apoyo en casa de mis abuelos, escuchando las historias y lecciones de mi bisabuelo. Mi tía abuela Beatriz, soltera, luchó por conservar las tierras, que ahora trabajan y mantienen sus hijos y nietos. En reuniones familiares, recordamos y aprendemos de las historias de superación y lucha por la igualdad. Estoy seguro de que, con un poco más de preparación, habría llegado aún más lejos. Mis tíos más jóvenes del lado materno, Jorge y Luis, iniciaron un negocio de purificación de agua en González, mejorando el mercado y ayudando a resolver problemas de desabastecimiento de agua. A pesar de ser rentable, decidieron vender el negocio como parte de una estrategia más grande, maximizando las ganancias y destinándolas a nuevos negocios más innovadores y exitosos.

Así, el legado empresarial de mi bisabuelo José continúa inspirándonos a enfrentar desafíos, aprovechar oportunidades y aprender de las lecciones del pasado para construir un futuro próspero y equitativo.

Concepto de sostenibilidad

Es nuestra obligación, como futura generación, aprender de los errores y, al mismo tiempo, cuidar los recursos para no comprometerlos, evitando hipotecar el futuro de las siguientes generaciones, quienes también deberían disfrutar de todas estas bondades con las que actualmente contamos.

De esta manera, siendo muy pequeño, pude entender el concepto de **sostenibilidad,** que es la satisfacción de nuestras necesidades actuales **sin comprometer las de las futuras generaciones.**

> *"Reconocer la derrota es la primera etapa de la victoria."*
>
> ***Vittorio Pozo***
>
> *Ex entrenador selección italiana de futbol, primer bicampeón en los mundiales de Italia 1934 y Francia 1938*

Durante años, escuché cómo muchos de los recursos con los que contaba mi bisabuelo José se fueron perdiendo.

Como resultado, todas esas bondades limitaron a mi generación. Vivimos y disfrutamos de una parte, sin embargo, sé que pudo haber sido mucho mejor o haber ofrecido mejores oportunidades. Para lograr que todo tipo de recursos perduren, hay distintas variables que deben ser analizadas y atendidas. Probablemente, de haber otorgado las mismas oportunidades tanto a sus hijos como a sus hijas, sus empresas y recursos hubieran perdurado por más tiempo. De lo que no hay duda es que sus oportunidades hubieran sido mayores.

Capítulo 2: Romper Patrones

Mi padre, Jorge Enrique, es una de las personas más amables que se puedan imaginar, un señor agradable con quien puedes platicar tranquilamente. Siempre estará atento a tus palabras para luego seguir la conversación. Si desconoce el tema, no tiene miedo de pedirte que le expliques para posteriormente comentar sobre él. Es el menor de cinco hermanos, y aunque me gustaría decir que era el consentido de mi abuela, no fue así.

Mi abuela paterna, Guadalupe Gómez, crio sola a sus cinco hijos. Mi abuelo paterno, Manuel, tuvo una segunda familia y se quedó con ellos. Con los años, me di cuenta de diversas situaciones en la familia. Veía muy poco a mi abuelo paterno; prácticamente no lo conocí, pero mi padre jamás me comentó algo al respecto. Siempre lo trató bien y con todo el amor que un hijo podría mostrarle a su padre.

La importancia de poner límites

Aprender a mantener una distancia emocional con personas tóxicas o que nos han hecho daño en el pasado es fundamental. Establecer límites claros ayuda a comunicar lo que necesitamos, nuestros valores y lo que anhelamos. Asimismo, nos ayuda a mantener relaciones de equilibrio y respeto.

El respeto por uno mismo implica algo más que una introspección profunda; es sincerarnos y reconocernos para valorar nuestras emociones y necesidades. Es una forma de enviarnos un mensaje a nosotros mismos y a nuestro entorno acerca del respeto que merecemos. Fortalece nuestra autoestima y nos pone en una posición como personas autónomas y capaces de ejercer nuestros derechos y defender nuestra dignidad.

Mi padre fue un ejemplo de perdón hacia su padre, quien no sabía cómo reaccionar ante lo que en aquel momento estaba viviendo. Todas las personas involucradas aquí han sido víctimas de la mentalidad de aquella época y de cómo la sociedad aceptaba estas situaciones.

¿Qué les puedo decir? ¿Qué esperarían de alguien que no tuvo a su padre presente mientras crecía? ¿Cómo podría mi abuela criarlos sin estudios? Les sorprendería saber que mi abuela se enfocó en darles educación a sus cinco hijos, buscando siempre la forma de sostener los gastos del hogar. Ella también fue una emprendedora; hizo un pequeño negocio en la esquina de su casa, donde vendía refrescos, tortas, dulces, entre otras cosas. Mi padre y sus hermanos se enfocaron en los estudios, pero en sus ratos libres apoyaban a mi abuela en el negocio. Mi abuela pudo haberse dado por vencida fácilmente, pero no permitió que la vida la venciera y se hizo más fuerte por amor a sus hijos.

> *"Nuestro miedo más profundo no es que seamos inadecuados. Nuestro miedo más profundo es que somos poderosos sin límite. Es nuestra luz, no la oscuridad lo que más nos asusta. Nos preguntamos: ¿quién soy yo para ser brillante, precioso, talentoso y fabuloso?"*
>
> ***Nelson Mandela, 1994***
>
> *Primer presidente negro de Sudáfrica*

Mi padre, Jorge Enrique, es una de las personas más amables que se puedan imaginar, un señor agradable con quien puedes platicar tranquilamente. Siempre estará atento a tus palabras para luego seguir la conversación. Si desconoce el tema, no tiene miedo de pedirte que le expliques para posteriormente comentar sobre él. Es el menor de cinco hermanos, y aunque me gustaría decir que era el consentido de mi abuela, no fue así.

Mi abuela paterna, Guadalupe Gómez, crio sola a sus cinco hijos. Mi abuelo paterno, Manuel, tuvo una segunda familia y se quedó con ellos. Con los años, me di cuenta de diversas situaciones en la familia. Veía muy poco a mi abuelo paterno; prácticamente no lo conocí, pero mi padre jamás me comentó algo al respecto. Siempre lo trató bien y con todo el amor que un hijo podría mostrarle a su padre.

La importancia de poner límites

Aprender a mantener una distancia emocional con personas tóxicas o que nos han hecho daño en el pasado es fundamental. Establecer límites claros ayuda a comunicar lo que necesitamos, nuestros valores y lo que anhelamos. Asimismo, nos ayuda a mantener relaciones de equilibrio y respeto.

El respeto por uno mismo implica algo más que una introspección profunda; es sincerarnos y reconocernos para valorar nuestras emociones y necesidades. Es una forma de enviarnos un mensaje a nosotros mismos y a nuestro entorno acerca del respeto que merecemos. Fortalece nuestra autoestima y nos pone en una posición como personas autónomas y capaces de ejercer nuestros derechos y defender nuestra dignidad.

Mi padre fue un ejemplo de perdón hacia su padre, quien no sabía cómo reaccionar ante lo que en aquel momento estaba viviendo. Todas las personas involucradas aquí han sido víctimas de la mentalidad de aquella época y de cómo la sociedad aceptaba estas situaciones.

¿Qué les puedo decir? ¿Qué esperarían de alguien que no tuvo a su padre presente mientras crecía? ¿Cómo podría mi abuela criarlos sin estudios? Les sorprendería saber que mi abuela se enfocó en darles educación a sus cinco hijos, buscando siempre la forma de sostener los gastos del hogar. Ella también fue una emprendedora; hizo un pequeño negocio en la esquina de su casa, donde vendía refrescos, tortas, dulces, entre otras cosas. Mi padre y sus hermanos se enfocaron en los estudios, pero en sus ratos libres apoyaban a mi abuela en el negocio. Mi abuela pudo haberse dado por vencida fácilmente, pero no permitió que la vida la venciera y se hizo más fuerte por amor a sus hijos.

> *"La educación genera confianza. La confianza genera esperanza. La esperanza genera paz."*
>
> **Confucio**
>
> Pensador y educador (551 a.C. a 479 a.C.)

Mi madre platicó con mi padre, solicitándole que retomara sus estudios universitarios; de lo contrario, no veía un futuro a su lado. Solo recordar lo que mi madre me contó te hace entender que una pareja que realmente te ama siempre buscará lo mejor para ti. "Aunque no sea tu pareja, cuando termines tu carrera, yo estaré ahí apoyándote y felicitándote." Mi madre le prometió eso a mi padre para cuando él terminara su carrera universitaria.

Al semestre siguiente, mi padre se inscribió en la carrera de Ingeniería Civil, que era lo más cercano a arquitectura, y formó parte del equipo de fútbol americano, motivado y listo para poder continuar con su preparación académica y encontrar mejores oportunidades en el futuro.

Durante su estancia en el equipo de fútbol americano, mi padre, siendo una persona romántica, organizó junto al equipo una sorpresa que se daría en uno de los partidos de la temporada. En el partido siguiente, mi madre llegó tarde; ella se encontraba en clase, y cuando mi padre notó su presencia en las gradas, se dio el momento esperado. El equipo se encontraba a la ofensiva, con posesión del balón. Era el momento en que mi padre entraría al terreno de juego, y todo el equipo ejecutaría la jugada "Angelina", así es, una jugada con el nombre de mi madre. Sería una jugada fantasía y espectacular, con una dedicatoria muy especial. Desafortunadamente, no salió como se esperaba y mi padre terminó esa tarde en el hospital, pero sabía que mi madre siempre lo apoyaría. Unos partidos más tarde, la jugada "Angelina" resultó en una anotación.

> *"Si se corre y se trabaja, se puede"*
>
> ***Diego Pablo "El Cholo" Simeone***
>
> *Entrenador del Atlético de Madrid*

Mi padre se graduó y finalmente se casó con mi madre. Juntos se fueron a otra ciudad para iniciar sus carreras profesionales. Allí llegaría yo a sus vidas unos años después, y comenzaríamos a formar una familia.

Emprendiendo con la familia

Las empresas familiares son la base en la estructura económica de una sociedad. Esto va más allá de ser entidades comerciales, ya que representan un legado, una trascendencia, no solo en las familias, sino en la sociedad. También es parte de nuestra tarea que las futuras generaciones se puedan integrar, se sientan y busquen ser parte de ese legado.

La familiarización con el entorno laboral genera interés y un sentido de pertenencia. Conocer las raíces y todas las anécdotas de lo vivido se convierten en una fuente de inspiración, más si se están viviendo. La práctica les dará una visión amplia y comprensión del funcionamiento. Permítanse escuchar de manera abierta y efectiva para así crear un sentido de participación y compromiso.

Se podrán observar los frutos de la integración al ver la continuidad de los negocios, haciendo de esto un legado sólido. De esta forma, las empresas familiares pueden asegurar un futuro sostenible.

Pasaron los años, pero mi padre siempre tuvo un apego por continuar su carrera laboral, pero desde el trabajo de campo. ¿Qué les puedo decir? A él siempre le gustó el ambiente y la convivencia. A veces creo que sentía una gran cercanía con todo el personal, ya que siempre se sabía por lo que todos sus colaboradores estaban pasando. "Ellos son las personas que te hacen fuerte", nunca dejó de recalcarme la importancia de estar siempre al pendiente de los trabajadores, quienes están bajo el sol en la construcción, de su salud y de que sus familias estuvieran bien. Solo de esa forma ellos podrían rendir al máximo para desempeñar sus tareas y labores.

Mi padre era una persona querida y respetada en cada una de las obras a las que iba. Años más tarde, inició su emprendimiento, naciendo la edificadora y constructora que tuvo durante muchos años. Orgullosamente, puedo contarles que ganó diversas obras, unas más grandes que otras. Recuerdo ver a mi padre en las noches trabajando en los catálogos de conceptos, y a mi madre apoyándolo, mientras mi hermana y yo veíamos la televisión.

Claro, ella y yo nos dábamos cuenta. Estuvimos viviendo en una pequeña casa, con solo un cuarto, donde estaba la sala; mi padre y madre se ponían a trabajar. Afortunadamente, con el trabajo de mi madre y la edificadora familiar, teníamos lo suficiente para cubrir los gastos del hogar, la educación de dos hijos y también poder comenzar a construir su propio hogar. En ese momento parecía que todo estaba en orden, pero ¿cuánto tiempo puedes resistir ese ritmo?

Comenzaron a pasar los años y, por fin, mis padres comenzaron a construir su hogar en un terreno que habían comprado en sus primeros años laborales, tal y como mi padre le había prometido a mi madre. Mis padres siempre estuvieron de acuerdo sobre cómo querían educar a sus hijos, haciéndonos a mi hermana y a mí partícipes de todas las actividades que hacíamos en familia y también de sus negocios, así como del patrimonio que fueron formando. Cada vez que mi padre nos recogía de la escuela, nos llevaba a la obra, y a veces, con un poco de suerte, llegaba mi madre antes de que terminara la jornada de trabajo para pasar el día.

Creación y burbuja de condiciones

En un país capitalista, la clase obrera representa entre el 75 % y el 90 % de la población activa. Y la economía de un país requiere, básicamente, dos condiciones fundamentales para poder existir:

1. Un trabajador que busque rentar su tiempo y su fuerza de trabajo al propietario de una empresa a cambio de una remuneración o salario.
2. Que los medios de trabajo de la persona asalariada sean propiedad de su empleador.

Mi padre siempre me decía: "La hora de la comida es sagrada para los obreros". También es importante mostrar un cierto respeto hacia los empleados, a sus tiempos de descanso y recreación, y hacer que se sientan cómodos y conformes en su día a día, ya que, al final de cuentas, a pesar de trabajar por una necesidad, también es importante hacerles sentir bien durante su trabajo.

Finalmente, parte de las labores de las empresas es la creación de empleos. No es una obligación del gobierno, quien debe apoyar y crear, a su vez, las condiciones necesarias para que diversas empresas busquen invertir dentro del país, permitiendo generar mejores y mayores empleos. Pero, a su vez, esto hace partícipes a todos los empleadores y empresarios involucrados.

> Los países abiertos al comercio internacional se ven obligados a cumplir con regulaciones y exigen a los empleadores proporcionar condiciones de trabajo tanto seguras como saludables. Un ejemplo de esto es la ISO 45001.

Mis padres siempre velaron por el bienestar de los trabajadores. Tenerlos en el seguro era algo fundamental, sobre todo para mi madre, quien cuidaba de todos estos aspectos. Al final, la mano de obra es el recurso más importante de cualquier empresa, y mantenerla bien cuidada es esencial, así como proporcionar las herramientas necesarias para que puedan ejercer su labor, además de todo el equipo de seguridad que se requiera.

Todo era casi perfecto; algunas situaciones que surgieron se fueron resolviendo con el tiempo, y juntos lograron sortear cualquier obstáculo que se les presentaba.

Una pareja, una misma meta: priorizar y no diversificar el gasto
Cuando comienzas a emprender, una de las cosas más importantes es tener bien definidas las prioridades. Muchos emprendedores, al poco tiempo de comenzar a ver ciertos frutos de sus operaciones, caen; y, en ocasiones, aunque se tomen las mejores decisiones de negocios, las decisiones personales terminan por afectar las operaciones, sobre todo cuando estamos comenzando.

Probablemente, es muy fácil que, al empezar a tener un mayor flujo de dinero, se presenten otros gastos a corto plazo. Está bien darse un gusto por el que se ha trabajado; es parte de premiarse a uno mismo por el esfuerzo y tal vez lograr un hito en lo planeado. Darse ese cariño a uno mismo es importante, ya que nos permite reconocer lo mucho que hemos dedicado en tiempo y esfuerzo.

Sin embargo, es crucial no enfocarse solo en las metas a corto plazo y tener bien definida cuál es nuestra prioridad, así como la elección de la pareja que tendremos, ya que esta será clave para nuestro crecimiento y el de nuestra familia.

Mi padre y mi madre formaban un gran equipo, y comenzaban a reflejarse los frutos de su arduo trabajo. Algo muy importante de aprender es que, cuando eres una persona disciplinada en la vida, el éxito es cuestión de tiempo, y en este caso no sería la excepción. Después de varios años de trabajo duro, la edificadora había obtenido una obra grande en Pachuca, Hidalgo. Mi padre lo hacía por la familia, por su crecimiento profesional y para darle a mi madre la vida que tanto habían soñado.

> *"Sí, ella sí. Demasiado bien. Por desgracia. Me ocultó su enfermedad hasta que solo pude llorar su muerte"*
>
> **Henry Jones, 1989**
>
> Indiana Jones y la última cruzada

Mi madre siempre nos hizo conscientes a mi hermana y a mí acerca de la importancia del trabajo, las motivaciones de mi padre y las de ella también. Es por eso que nunca reclamamos, ella y yo, pero siempre aprovechábamos el tiempo disponible, así como ellos lo hacían con nosotros. ¿Cuál es el precio que le ponemos a pasar tiempo con nuestros seres queridos?

Por otro lado, varios de los compañeros de mi padre, quienes también habían establecido una constructora, en ocasiones se unían para que, con el total del capital contable, pudieran licitar por obras. Además, en el caso de las grandes aseguradoras, te piden cierto capital para respaldar tus actividades y garantizar el cumplimiento tanto en tiempo como en forma.

Uno de los socios ocasionales de mi padre tenía una familia compuesta por su esposa y dos hijos varones. A pesar de tener una buena vida, sabíamos que podía ser mejor. Era bien sabido que le gustaba salir con muchas mujeres, y por eso siempre se encontraba corto de recursos; en ocasiones solicitaba prestado para poder sostener su parte del negocio. Y claro, debía cubrir los gastos del hogar, además de todo lo que representaba darse el gusto de salir con varias mujeres. ¿Por qué no tomaba ese dinero para diversificarse mejor o agrandar su negocio?

Por otro lado, otro de los ocasionales socios de mi padre estaba soltero. Él no tenía familia; sin embargo, aunque salía con diversas mujeres en busca de pareja, nunca se definía. Debo decir que su punto era válido: no tenía la obligación con ninguna. Sin embargo, al no ver un futuro real con alguna de ellas, solo representaban un gasto. La mayoría de las parejas y de las personas queremos vernos como si fuéramos una inversión. Y la verdad es que no hay nada más alejado de la realidad. Todas las personas representamos un gasto hasta no tener una visualización a futuro. Probablemente, esto se debe a la posibilidad de construir recuerdos juntos o al simple hecho de planear que la persona se encuentre en un tiempo más adelante con nosotros, incluyéndola en nuestros planes de vida, o que sea algo mutuo.

Este socio de mi padre tampoco tenía dinero para reinvertir, y lo que ambos socios de mi padre tenían en común era que sus gastos estaban muy diversificados y muy poco invertidos.

> *"Nadie sabe lo que estoy haciendo. Es bueno para mi misticismo."*
>
> ***Roger Sterling***
>
> *MadMen (2007-2015)*

En ese momento, a diferencia de mi padre, mi madre, con quien ya tenía una casa y dos hijos, lo apoyaba a cuidar el recurso, planear su crecimiento y diversificar las fuentes de ingresos.

Para mí, mi padre ha sido todo un ejemplo de disciplina y constancia; pero lo que más le admiro es su capacidad de romper esos patrones, de convertirse en alguien que probablemente no tenía idea de dónde podía llegar, pero que se fue permeando de todo aquello bueno que mi madre le aportaba. Al mismo tiempo, tuvo la valentía de querer cambiar y dar algo que él no tuvo. Esto es algo que nos repiten mucho: que los padres procuran dar mejores oportunidades a sus hijos, una regla que no aplica por igual a todos, o no todos los padres tienen eso en mente. Sin embargo, el mío así lo hizo; no se escudó en que él no lo tuvo, decidió ser mejor, así como todos podemos decidir ser mejores personas, proteger el futuro y cambiar ese destino al que probablemente nos dirigimos.

Capítulo 3: Más allá de los límites establecidos

¿Cuál es el papel de una mujer dentro de la sociedad? O más bien deberíamos preguntarnos: ¿cuál es *nuestro* papel en la sociedad? ¿Será que, ya sea por nuestro género, edad, familia, procedencia, posición socioeconómica, gustos particulares, entre otras cosas, hay una expectativa que debemos cumplir?

Mis padres siempre trabajaron a la par; ambos son ingenieros civiles, con la misma profesión, pero desempeñando labores muy diferentes. Mi madre siempre se enfocó más en la toma de decisiones y, sobre todo, en la estrategia. Era increíble y encantador ver cómo entraban en su oficina todos los contratistas, compañeros de trabajo y otras personas a buscarla. Se sentaban en su mesa para reuniones y me asombraba su manera tan calmada de expresarse, llegar a acuerdos y negociar, entre muchas otras habilidades.

En ese entonces, era muy pequeño para poder apreciar algo tan extraordinario como el amor de mi madre, y aún hoy en día me sorprende más. La capacidad que tenía para equilibrar su tiempo, ser una ingeniera extraordinaria y una madre increíble era impresionante. Debo mencionar que, para mis ojos, esto se había convertido en algo habitual.

La institucionalización en la sociedad

El proceso activo de institucionalización implica establecer tu propia iniciativa, no seguir el estándar o lo programado. Hay que buscar otro tipo de relaciones y prácticas que permitan ser duraderas y sostenibles en la comunidad.

En nuestra sociedad, aún hay una estructura clara en la cual las personas tienen un cierto rol que aporta al entorno. Esto no solo depende del trabajo, sino también de la forma en que nos comportamos, y todo aquello que dejamos como enseñanza a las demás personas es una forma de contribuir al desarrollo. Depende de nosotros mismos si ese rol suma o resta.

Como toda sociedad también define mucho de nuestro comportamiento, en ocasiones respondemos a las necesidades que nuestro entorno enfrenta. Realmente existe una influencia tanto de nosotros hacia la sociedad como de la sociedad hacia nosotros, en una relación en parte simbiótica, ya que cada uno de nosotros aporta, y la sociedad también nos aporta.

> *"Yo no soy un hombre"*
>
> ***Eowyn, 2003***
>
> *El señor de los anillos: El retorno del Rey*

Enseñar para aprender

Esta es una metodología que se basa en el aprendizaje informal, producido de forma natural y espontánea. Se llega a asimilar de manera inconsciente, como si fuera una reacción o memoria muscular, sin percibir desde el inicio que se está recibiendo nuevo conocimiento.

Esta puede ser una de las mejores metodologías, debido a que su base es la interacción y comunicación, con una participación activa tanto del emisor como del receptor.

Ambos realizan su debida tarea, manteniendo sus sentidos atentos a las acciones y reacciones del otro.

> *"No voy a esconderme en algún rincón tratando de convencerlos de que soy amigable, voy a patear algunos traseros y recordarles que soy feroz.*
>
> **Jessica Pearson**
>
> Suits (2011-2019)

Dentro de cada una de las obras de mi madre, se dedicaba a explicar incluso los procesos constructivos. Al mismo tiempo, les enseñaba a los superintendentes cómo reportar, qué debían supervisar y los detalles a los cuales debían prestar atención. Me sorprendía la calma con la que mi madre lo hacía, muy similar a cuando se sentaba con nosotros a explicarnos algún tema de la escuela. Pocas veces teníamos problemas con los temas escolares; mis padres nos habían enseñado a investigar por nuestra cuenta y también a aprender por nuestros propios medios, pero cada vez que requeríamos ayuda, ellos estaban ahí para ayudarnos.

Desde muy pequeña, mi madre tenía la vocación de enseñar; le apasionaba el conocimiento y el aprendizaje continuo, y su mejor método de aprendizaje era la enseñanza. Esto puede parecer confuso, pero ella siempre nos lo recalcaba a mi hermana y a mí, tanto que lo aprendimos muy bien.

La familia de mi madre no contaba con muchos recursos, por lo que ella siempre buscó cómo obtener algo más e, incluso, ser un poco más independiente, pero, sobre todo, apoyar a sus padres, mis abuelos. Sabía que era de las mejores en la escuela y le gustaba mucho enseñar. Esa era su táctica preferida de aprendizaje; no quería descuidar sus estudios, así que, en sus tiempos libres, se dedicaba a ayudar a sus compañeros de la escuela, actuando como profesora e incluso ayudándolos a regularizarse. Mi madre había encontrado la forma perfecta de conseguir algún recurso extra, cubrir sus gastos e, incluso, apoyar a sus hermanos menores.

Hay diversos factores psicológicos, biológicos y sociales que forman la esencia de una persona; todo su entorno, vivencias y experiencias la van moldeando. Puede existir algún tipo de predisposición sobre nuestra identidad debido a estos factores, pero debemos agregar que muchas de nuestras reacciones y emociones, las cuales vamos creando, forman patrones que se correlacionan al interactuar con las demás personas.

Es importante recalcar que la identidad puede cambiar. Así como las personas evolucionan con el paso del tiempo, ciertas características psicológicas y sociales también pueden verse afectadas. Aunque tengamos algún componente en nuestra personalidad que permanezca intacto, es posible que ciertas características se modifiquen con el tiempo y las experiencias vividas.

> *"Los tiempos difíciles despiertan un deseo instintivo de autenticidad"*
>
> ***Gabrielle "Coco" Chanel***
>
> *Diseñadora y empresaria*

Mi madre siempre se mantuvo fiel a sí misma, respetando su esencia, tan tierna y amorosa. Sus compañeros de trabajo lo sabían, y por eso, cuando necesitaban un consejo, ella era la primera persona a la que acudían.

Comprendía la paz que mi madre transmitía a quienes la rodeaban y cómo mejoraba todo su entorno.

Lo más impresionante era ver cómo todos los contratistas, obreros, colaboradores e incluso algunas personalidades del medio llegaban a su oficina y prácticamente se cuadraban al verla. Mi madre era una figura de autoridad, no solo en su hogar, sino en cualquier lugar al que llegaba.

En su oficina, nunca faltaban las flores que mi padre le enviaba, y ella siempre tenía dulces o caramelos para que las personas se sintieran cómodas al llegar. Le gustaba tratar a todos por igual, pero, sobre todo, crear un ambiente agradable a su alrededor.

Multitasking y sincronización

En sus inicios en el mundo de la informática, el término "multitasking" se definió como la capacidad de una computadora para realizar más de un proceso de forma simultánea.

Llevando este concepto al terreno humano, podemos definir el multitasking como la capacidad de realizar varias labores al mismo tiempo. Consiste en ejecutar múltiples actividades de manera simultánea, ya sea de forma armónica y sincronizada, o simplemente compartiendo tiempo. Trabajar de esta manera busca optimizar los plazos, cumpliendo las metas y objetivos trazados.

Las tareas ejecutadas de esta forma pueden ser complementarias y aprovechar una misma situación, casi sincronizándose, o bien pueden ser completamente diferentes. Sin embargo, esto no es una condición obligatoria para que se considere multitasking.

> *"Siempre me he considerado a mí misma lo mejor y lo máximo. Nunca consideré que fuera menos".*
>
> **Serena Williams**
>
> Tenista Profesional

En mi madre también habitaba una mujer emprendedora, y decidió abrir una tienda de materiales junto a mi padre. Mientras él se encontraba fuera de la ciudad trabajando en sus obras, sigo sin entender cómo mi madre lograba dividirse para estar al tanto de todo. Dicen que el amor de una madre no se divide, sino que se multiplica, y aquí fue cuando lo comprendí. Si intentara explicarlo con números, sería algo irracional, pero, a pesar de que mi madre siempre me impulsó a buscar explicaciones lógicas e ingenieriles, su lección más importante resultó ser una que no podía resolverse de la forma en que ella me enseñó, pero que gracias a su ejemplo entendí y tengo la fortuna de vivir.

Mi madre creció y se desarrolló profesionalmente en un entorno en el que a las mujeres no se les daban muchas oportunidades. Sin embargo, su pasión, disciplina y fuerza la llevaron a romper todas esas barreras, permitiéndole potenciar sus habilidades como ingeniera, madre y líder.

Más allá de la equidad e igualdad

Cuando hablamos de equidad en relación con la justicia, nos referimos a la distribución de recursos y poder dentro de la sociedad, buscando un trato equitativo según las necesidades de hombres y mujeres. La equidad busca brindar a ambos las mismas oportunidades, tratos y condiciones, garantizando sus derechos dentro de la sociedad sin ignorar sus particularidades.

> *"Lo imposible no existe para una mujer, sólo le toma tiempo conseguirlo."*
>
> ***Carolina Herrera***
>
> *Empresaria, Diseñadora de Moda y Actriz*

Para mí, no hay mayor ejemplo de búsqueda de equidad de género e igualdad de oportunidades, de romper estándares y de resiliencia que mi madre, además de ser una líder en su trabajo. Ella no buscaba un hombre que le diera todo, sino alguien con quien crecer. La sociedad y el entorno, en ocasiones, le pedían que se dedicara únicamente a ser madre, pero ella aspiraba a algo más, a un mayor desarrollo; quería contribuir al progreso de la sociedad sin descuidar el crecimiento de sus hijos, algo que siempre le hemos admirado. A ella le gustaba mucho su trabajo, y no saben cuánto la admiro por eso y por mucho más. A nosotros, sus hijos, nos inculcó la idea de poder realizar todas estas tareas de forma organizada, con pasión por lo que hacemos, disciplina y el apoyo de nuestros seres queridos.

¿Cuál ha sido el papel de mi madre en la sociedad? No es fácil de explicar. Ha liderado obras de infraestructura para mejorar su comunidad y su ciudad, pero también impregnó en su trabajo una cultura de confianza que le permitió alcanzar diversos logros profesionales, impulsar a otros profesionistas y, al mismo tiempo, formar la familia que ha construido.

Capítulo 4: Diversidad e Inclusión

Cuando era chico, recuerdo que no tenía una buena relación con mi padre. Él se encontraba fuera del hogar la mayor parte del tiempo, trabajando largas horas de jornada laboral y fuera de la ciudad. Actualmente, valoro todo este sacrificio y entiendo que todo lo que hizo fue con amor, por y para su familia. Sin embargo, cuando eres menor de edad y no convives mucho, muchas veces piensas lo contrario. Aunque él dedicaba la mayor parte de su tiempo libre a nosotros como familia, realmente seguíamos sin tener una relación cercana.

Por otro lado, mi madre estaba en contacto diario con nosotros. Al terminar de trabajar, pasaba por mi hermana y por mí a casa de mi abuela materna, Gloria, donde vivían mi tía Carmen y mis primos Maximiliano y Luis, con quienes crecí como si fueran mis hermanos.

Mi madre, siempre apoyando a mi padre, nos hacía hincapié en la importancia de su trabajo y en que todo esto era para nosotros al final. Aunque no lo entendía por completo, procuraba hacerlo. Por eso también me esforcé por convivir más con mi padre. En su tiempo libre, además de dedicarlo a la familia, le encantaba ver deportes, como el fútbol americano y el soccer. Así fue como decidí aprender a jugar soccer, ya que era el deporte más accesible; casi todos mis compañeros del colegio lo practicaban, y como era tan simple, me ponía a practicar en la calle con un balón y cuatro piedras como porterías.

Además del fútbol soccer, mis padres, tíos, tías y abuelos se empeñaron en que todos aprendiéramos y conociéramos varios deportes. Nos llevaban a diversos parques e instituciones a practicar. No fue hasta la secundaria que me di cuenta de que mi padre y la mayor parte de mi familia apoyaban al equipo contrario al que yo seguía. Pero eso nunca les molestó, ni a mi madre, quien siempre me insistió en practicar atletismo, aunque yo optara por jugar soccer o ir al gimnasio, aunque no fuera de su agrado al cien por ciento. Para todos, lo importante era cómo nos desarrollábamos; era más relevante que si apoyábamos al mismo equipo o si teníamos gustos diferentes.

Un par de años después, conocí a María, quien se convertiría en una gran amiga durante la preparatoria y posteriormente en la vida. Recuerdo que empecé a hablarle para acercarme a una chica que me gustaba, y ella era una de sus amigas. Era extraño, nunca la había visto; durante toda mi estancia desde la preprimaria hasta ese momento en la preparatoria no la recordaba, ni siquiera de haberla visto a lo lejos. Para mí, era raro, pues creía conocer a la mayoría de las personas o identificarlas, al menos de vista.

Durante la preparatoria, practicaba soccer con el equipo. Todas las mañanas, de 7 a 9 a.m., entrenábamos. Un día la vi a ella practicando; también le gustaba el fútbol y sabía cómo jugarlo. Realmente le apasionaba, y así fue como empezamos a llevarnos un poco mejor gracias al deporte.

Sin embargo, mientras el deporte me había acercado a mi padre, no fue así en el caso de ella. Eso fue algo que me llamó la atención.

Temor al rechazo social

El rechazo social es doloroso, no importa qué edad tengas. Desde un punto de vista emocional, esto es especialmente relevante, ya que los seres humanos somos sociales por naturaleza. La búsqueda de amor y pertenencia es parte de las motivaciones humanas. Inclusive, Maslow señala esto acerca de las necesidades humanas (afiliación): el dar y recibir afecto para encontrarnos en un estado saludable psicológicamente. Es necesario, en cierto punto, tener interacciones satisfactorias con las personas que nos rodean, en cualquiera de los ambientes en los que nos encontremos.

La pirámide de Maslow nos habla acerca de la jerarquía de necesidades humanas, que conforme se satisfacen las necesidades fundamentales (parte inferior), los seres humanos desarrollan necesidades y deseos más elevados (parte superior).

Autorrealización

Reconocimiento

Afiliación

Seguridad

Fisiología

Para mí, era extraño escuchar cómo el soccer probablemente no ayudó en la relación de María con sus padres. De hecho, ella tenía gustos distintos. No me sorprendió en lo más mínimo cuando me dijo que le gustaban las mujeres; al contrario, respetaba eso y comprendía por qué era tan cercana a la chica que me gustaba. Mis padres siempre me enseñaron a tratar a todos con respeto, así que no tenía problema ni conflicto con ello. Por el contrario, creo que me ayudó mucho a saber cómo actuar y a comprender cómo se podía llegar a sentir.

Aún recuerdo el día en que le dije a mi padre que iba a salir con una chica por primera vez. Su comentario fue: "Bueno, ahora sé que te gustan las niñas", algo que se había notado en mí desde pequeño. Mi madre siempre me platica que a mí me gustaba ver las revistas de **TV Notas** en casa de mi abuelita y mis tías. En varias ocasiones llegué a comentar cómo las mujeres en las portadas me llamaban la atención, y aunque estaba muy pequeño para eso, ya se podían ver mis gustos.

No me imagino cómo se siente cuando no llegas a cumplir con las expectativas que muchas veces la sociedad, ya sea nuestra familia o amigos, espera de ti. Simplemente no tener los gustos que ellos anticipan. Esa conversación en la que expresas lo que sientes y el miedo que se debe sentir ante el probable rechazo, esa respuesta que esperamos no recibir, requiere valor y coraje para afrontarlo. Para ninguna de las dos partes debe ser un tema sencillo. Por más que queramos pensar que no nos interesa la opinión de los demás, el temor a recibir una respuesta desfavorable sigue rondando en nuestra cabeza.

Sí, María practicaba soccer y le encantaba, al igual que le gustaban las mujeres. Sin embargo, su padre no aceptaba esa realidad. María era de una generación mayor que la mía, pero cuando su padre se enteró de sus gustos, decidió mostrarle cómo viven los hombres. ¡Vaya! En nuestra sociedad, está casi escrito e institucionalizado que un hombre debe proveer a su familia, funcionando prácticamente solo para eso, mientras que la mujer debe estar en el hogar, realizando labores como ama de casa y criando a los hijos. Esto es similar a lo que pensaba mi bisabuelo. He escuchado a varias personas argumentar que las mujeres solo van a la escuela para recibir educación y encontrar un buen marido, y que deben esforzarse por obtener buenas calificaciones para ingresar a una mejor universidad y encontrar una mejor pareja.

Recuerdo que mis padres me hacían estar en la tienda de materiales, involucrándome en el negocio familiar o recorriendo sus obras, para aprender y encontrar mi vocación, entre otras cosas. No era un castigo, sino un apoyo para mí. De hecho, había varios fines de semana en los que mi abuelo y yo nos quedábamos en la tienda de materiales y terminábamos teniendo una mayor convivencia. Sin embargo, en el caso de María no fue así. Para ella, estar involucrada en el negocio familiar era como un castigo, en cierto modo debido a sus gustos. Durante un tiempo, no asistió a la escuela y trabajó en el lado operativo del negocio familiar.

> *"Todos estamos conectados a través del amor, a través de la soledad, a través de un pequeño y lamentable error de juicio."*
>
> **_Alice Pieszecki_**
>
> The L Word

No saben lo bonito e irónico que resultó esto, pues María encontró su vocación, probablemente de una forma muy inesperada. Al final, todo resultó como debía, no solo le gustaron las operaciones de la empresa, sino que mejoró, puso atención y, al involucrarse cada vez más en las operaciones, logró un resultado que muchos padres buscan para sus hijos: un verdadero interés en sus negocios. ¿Cuántas veces los padres con negocio no batallan para lograr esto?

La lección no resultó como el padre de María buscaba, y tampoco encontró lo que él esperaba, pero fue mejor. Al ver el interés y esfuerzo de María, terminó por entender que debía continuar apoyándola, casi como si se le hubiera olvidado el motivo por el cual había tomado la decisión. María continuaba con sus gustos de manera muy firme; no solo debo decir que fue su esfuerzo, constancia, amor y dedicación, sino que, además de reafirmarse a sí misma en sus intereses, pudo cambiar la perspectiva de su padre.

Meses más tarde, regresó a sus estudios. No puedo decir que todo era perfecto, aun así; sin embargo, el cambio era notorio. Ambas partes sacaron provecho de una forma probablemente inesperada, con resultados que definitivamente no tenían previstos, pero que, de cierto modo, les dio algo que ambos deseaban.

No saben el gusto que era para mí ver a María en cada juego, durante los entrenamientos y en los grupos de estudio en la universidad, una vez que tuve conciencia acerca de todo lo que había pasado.

Laura no está; Laura se fue.

La forma en que tratamos a un grupo de personas, los prejuicios que hacemos o el desprecio que mostramos, probablemente inmerecido o injustificado, es discriminación. Esto ocurre mucho en nuestro día a día; a veces, sin darnos cuenta, realizamos comentarios o acciones que forman parte de nuestro comportamiento. Aunque sean involuntarios, pueden llegar a afectar de manera importante a las personas que nos rodean.

Las razones de la discriminación pueden ser muy variadas, desde nuestra programación en casa hasta las experiencias vividas. Puede deberse a cuestiones generacionales, socioculturales, de raza, etnia, género o gustos; nuevamente, son muchas las que podemos no controlar.

Los efectos de la discriminación son negativos y dolorosos en la vida de las personas. Atentan contra la dignidad, ya que afectan los derechos humanos y generan desigualdad en el acceso a estos.

> *"Tienes al gran Michael Jordan, al gran Scottie Pippen, al gran Phil Jackson, pero si me quitas de este equipo, ¿aún ganan un campeonato? No lo creo."*
>
> **Dennis Rodman**
>
> *Chicago Bulls 1995-1998*

Durante mi vida como estudiante, he estado realizando prácticas desde casi el inicio de mis estudios profesionales. Afortunadamente, comencé con empresas PyMEs (Pequeñas y Medianas Empresas), muchas de las cuales eran familiares. Tuve la fortuna de iniciar en un programa que permitía a las PyMEs crecer y competir con empresas más grandes en sectores de interés que iban adquiriendo mayor importancia en el mercado nacional, como la industria automotriz.

Dentro de este programa, tuve la oportunidad de apoyar a tres empresas en la obtención de las certificaciones que buscaban, con la intención de ingresar al clúster de proveedores locales.

En una de las empresas donde brindé consultoría, conocí a los dueños, una familia muy acogedora. Sin embargo, con quien más tuve relación fue con Laura, una ingeniera experta en desarrollo de software y mano derecha de los dueños. Ella estaba al frente de todas las operaciones prácticamente, y su trabajo era de excelencia. La empresa se encontraba en un notable crecimiento.

Sin embargo, durante las reuniones, era muy notorio que algunos comentarios eran homofóbicos o sexistas por parte de los dueños. Había un claro machismo y ciertos comentarios discriminatorios que, aunque parecían ser más descuidos o reacciones automáticas, debo confesar que en ocasiones incomodaban a muchos de los presentes. Había mujeres y jóvenes en las juntas, dependiendo de los temas a tratar.

Como consultor, llegué sin la ceguera de taller que me permitía ver la situación con un poco más de claridad. En ocasiones, hice un comentario privado a los dueños sobre esto. Probablemente no debía haberme metido, ya que la respuesta no era la que esperaba; al contrario, confirmaba mis pensamientos sobre lo que estaba viviendo. Sin embargo, era evidente que se trataba de un descuido, más que de un intento de lastimar o expresarlo abiertamente.

Los dueños de la empresa tenían un plan estratégico importante para buscar el crecimiento del negocio, que tenía todo el sentido, ya que ayudaría a satisfacer sus objetivos y ambiciones, y al mismo tiempo brindaría nuevas oportunidades a todos los colaboradores involucrados. Me dispuse a trabajar de inmediato con toda la información y análisis realizados.

Unos días más tarde, fui con una amiga a un café al otro lado de la ciudad. Era una amiga a quien no había visto en muchos años y que se encontraba de paso por la ciudad. Ahí, a unas cuantas mesas de distancia, estaba

Laura, quien no se había percatado de mi presencia. La vi platicando muy feliz con una chica; le brillaban los ojos, estaba sonriendo todo el tiempo y no parecía tener noción de su entorno. Antes de poder pararme a saludarla, vi cómo Laura le planta un beso en los labios, y la otra chica se lo respondió.

Quisiera decir que estaba sorprendido, pero no era así. Su comportamiento en la oficina muchas veces me hacía dudar, y no por homofobia; simplemente nunca lo había externado, y no era algo que dentro de la empresa se supiera. Probablemente, nada de esto debía ser de interés público ni levantar morbo en la oficina, pero era notable que el ambiente dentro de la empresa probablemente no era el mejor para ella. Con las pláticas que llegué a tener con los dueños, era muy probable que eso no fuera a cambiar.

Unos minutos después, Laura se levantó de la mano con la chica que la acompañaba y, en ese momento, se percató de mi presencia. La miré a los ojos y la saludé a lo lejos. Ella soltó la mano, pero se la veía apenada.

Al día siguiente, me encontraba en la oficina, trabajando sin mencionar una sola palabra al respecto. Sabía que no era mi responsabilidad y que cualquier comentario solo causaría morbo. Así que simplemente me dispuse a continuar con mis labores como era de rutina. Más tarde, Laura se acercó a buscarme para platicar sobre lo que había visto o si le había comentado a alguien al respecto. Algo que negué, pues no lo había hecho. Sin embargo, ella me comentó que, efectivamente, le dolían en ocasiones los comentarios que escuchaba en algunas reuniones y que para ella solo era un trabajo, ya que siempre estaba buscando otras oportunidades de forma constante, porque se sentía incómoda.

Imaginemos un ambiente laboral en el que todo el tiempo te sientes atacado, no por lo que haces, ya que eres reconocida constantemente por tu esfuerzo. Laura se había vuelto un eje importante en la empresa, pero si todo el tiempo estás escuchando cómo menosprecian tus gustos o te hacen sentir mal, de alguna forma vas a buscar salir y crecer en otros rumbos.

No cabía duda: Laura podía crecer donde quisiera; tenía talento, disciplina y solo esperaba la mejor oportunidad posible. Yo debía continuar con toda la planeación y ejecución del proyecto, donde Laura era el centro, aun sabiendo que ella se encontraba en búsqueda de otras oportunidades. Profesionalmente, no debía hacer comentarios al respecto con los dueños de la empresa; ya era un ambiente institucionalizado que hacía sentir incómodos a muchos colaboradores, y no tenía duda de que muchos se encontraban en búsqueda de mejores oportunidades.

Al pasar los meses, entregué el proyecto como estaba previsto. Habíamos obtenido la certificación que nos habíamos trazado, y mi tiempo en la empresa llegó a su fin. Me retiré habiendo logrado los objetivos del proyecto y dejando trazada la línea para el futuro a corto, mediano y largo plazo.

Poco tiempo después, me enteré por redes sociales de que Laura había cambiado de trabajo, y que, por ende, habría que hacer una reestructura dentro de los planes de la empresa. Probablemente sería la oportunidad para alguien más de crecer. Pero no tenía la menor duda de que Laura no se había ido por el crecimiento o su proyección, sino por el ambiente en el que se sentía incómoda y hasta atacada.

Los dueños pensaban que tenerla como líder le daría una visión diferente a la empresa, ya que al contar con una mujer en posiciones de liderazgo no podían decir que estaban discriminando o teniendo un sesgo por cuestiones de sexualidad. Sin embargo, era evidente que, aun así, en el ambiente de trabajo seguía respirándose una atmósfera pesada y tensa.

Capítulo 4: Liderazgo

Todos queremos llegar a ser líderes y referentes, personas a las que nuestra sociedad, organización o entorno aspire a imitar. Queremos motivar a los demás en la comunidad a dar más de sí mismos, a alcanzar lugares que no habían pensado y a ser admirados.

A pesar de ser una capacidad muy buscada y que cualquiera podría tener, la realidad es que no todos la desarrollan; no todos cuentan con ese carisma que, en ocasiones, es necesario para ejercerlo.

El liderazgo es la capacidad de influir en los demás, organizar, motivar y actuar para lograr objetivos. Es muy valorado en el ámbito empresarial y corporativo, ya que estas son personas capaces de mover masas.

Esta habilidad se nota desde muy pequeños y se experimenta y desarrolla con el paso del tiempo. Puede ejercerse en diversos ámbitos, como el deportivo, académico, profesional, científico, entre otros.

La edad no es un parámetro

Dentro del mundo empresarial y corporativo, es necesario fomentar un ambiente en el que todos se sientan apreciados y valorados, sin importar sus preferencias, género o gustos. Sin embargo, la discriminación puede manifestarse de diversas formas. ¿Cuántas veces hemos vivido cierta discriminación por emitir un comentario que no es tomado en cuenta, no porque no sepamos, sino porque proviene de una persona más joven? La discriminación también puede surgir por la edad, al no brindar oportunidades de forma equitativa o al no tener bien parametrizados los resultados o logros.

> *"La edad madura es aquella en la que todavía se es joven, pero con mucho más esfuerzo."*
>
> ***Jean-Louis Barrault***
>
> *1910-1994*

Mi paso por la consultoría empresarial en PyMEs me permitió atraer la atención de diversas empresas de consultoría internacionales que me buscaron por los resultados obtenidos durante mi carrera. Recuerdo que, al haber egresado de la licenciatura, ya contaba con tres años de experiencia en el mercado laboral y había tenido algunos proyectos exitosos un par de años después de graduarme. Aún recuerdo mi primer proyecto en la ciudad de Asunción, Paraguay, que se enfocaba en las industrias financiera y de construcción.

Mi líder y director, el ingeniero Hernández, había estudiado en la misma universidad que yo, al igual que uno de mis compañeros. Él nos encargó realizar el levantamiento de información y comenzar a proponer soluciones. Al percatarse del conocimiento que tenía en la industria de la construcción, me solicitó enfocarme en esa área, donde casualmente encontramos muchas soluciones. Pero no solo eso; después de realizar un análisis más simple, identificamos el fuerte del proyecto, logrando un Retorno de Inversión (ROI) de 59 a 1, un resultado muy exitoso para los parámetros esperados. Fue por eso que, al ver mi capacidad de análisis y solución, me invitaron a realizar otro proyecto, esta vez en la industria del retail.

Al llegar al nuevo proyecto, que se llevaría a cabo en diversos países, me encontré con el ingeniero Sandoval y nuestro líder y director de área, el ingeniero Héctor, quien tenía cierta fama de ser adicto al trabajo, algo que había escuchado del ingeniero Hernández, pero que finalmente no se presentó de la misma forma. Sin embargo, aquí la historia sería muy diferente.

Cuando el ingeniero Hernández delegó las responsabilidades del proyecto a mis compañeros y a mí, nos permitió autoorganizarnos para poder dar los resultados.

> Uno de los principios de las metodologías ágiles son los equipos autoorganizados, fomenta la colaboración, resolución de problemas y planificación de actividades. Incentiva a los miembros del equipo a comunicarse de manera constante y evita el trabajo por silos.

Por otro lado, el ingeniero Héctor era una persona que disfrutaba tener el control de todas las actividades y de todo lo que se encontraba en ejecución, así como del equipo en general. Mientras realizaba los levantamientos, levantaba constantemente la mano para dar mi punto de vista, algo que no era muy tomado en cuenta; generalmente era ignorado, a diferencia de lo que hacía el ingeniero Hernández. Tanto el ingeniero Sandoval como yo comentábamos acerca de los posibles estudios a realizar para obtener mejores resultados, y el ingeniero Héctor siempre terminaba por solicitarnos hacer otros, ya que nosotros nos encontrábamos en la operación mientras él revisaba otros proyectos dentro del portafolio en diferentes países.

Una de las metodologías Lean para la detección de oportunidades consiste en escuchar a los diversos colaboradores; por eso hacíamos las propuestas. Al escuchar a otros colaboradores, nos daban ideas sobre las quejas que había en varios de los procesos que revisábamos. Sin embargo, al ingeniero Héctor esto no le interesaba, y buscaba que desarrolláramos lo que él pensaba. Así lo hacíamos, y generalmente no obteníamos los resultados que él buscaba. Molesto, nos solicitaba otros, hasta que finalmente nos permitía y escuchaba lo que le proponíamos, donde encontrábamos mejores resultados.

A pesar de esto, estuvimos batallando durante un tiempo con todos estos inconvenientes, y los retrabajos y diversos estudios que realizábamos nos causaban visibles retrasos en el proyecto. Argumentos como "para eso se les paga", "están en otro país, sin nadie, ni compromisos, tienen los fines de semana para avanzar" eran muy comunes. A veces no teníamos tiempo ni para comer los fines de semana. Por eso, constantemente buscaba otras oportunidades, apenas se presentarán las mejores condiciones. No era la empresa; en este caso, era el líder, la persona que nos dirigía, quien nos orillaba a buscar fuera de la organización.

Una noche, durante la revisión de reportes y estatus, el ingeniero Héctor me hizo una solicitud extraña: íbamos a comenzar el levantamiento de procesos en otros países, así que debíamos dejarme la barba. Esto me sorprendió, ya que siempre me gustaba estar bien afeitado. Su comentario fue que, al verme muy joven, muchas personas dudaban de mi experiencia. Había un tema más de orgullo que de conocimiento, y recuerdo que varias veces durante el proyecto me preguntaban, sorprendidos, acerca de mi edad. Muchas veces tardaban unas cuantas semanas o dudaban solo con verme, hasta que mis acciones o decisiones mostraban el conocimiento y dominio que tenía en el tema. No sabía si tomar eso como un halago o cuestionar mis acciones; lo cierto es que tardaba unas cuantas semanas en ganarme la confianza de los líderes de área, y como no, incluso con mi líder director ocurría el mismo efecto.

Por lo general, nos encontrábamos con mucha sobrecarga de trabajo. Los constantes retrasos por realizar estudios que no nos daban los resultados esperados nos tenían trabajando de tiempo completo los fines de semana, sin oportunidad siquiera de poder recuperarnos y sin tener que recuperar algo del tiempo consumido.

Durante las reuniones semanales de estatus de proyectos, los clientes nos exigían cosas que ni ellos entendían. Muchas veces, los clientes no saben lo que quieren o no entienden las metodologías de trabajo, y no están obligados a hacerlo. Su deber es cuestionar cómo estamos llegando a los resultados y exigir que se cumpla lo estipulado en los contratos. En este caso, los clientes no entendían o no sabían sobre las metodologías que estábamos utilizando para el desarrollo que querían. A pesar de que intentábamos instruirles o dar el razonamiento detrás del reporte, por lo general se encontraban insatisfechos, causando una atmósfera compleja para el desarrollo del proyecto. El ingeniero Héctor, a pesar de estar presente durante estas reuniones, solo buscaba complacer a los clientes, lo que también consumía tiempo y provocaba retrabajos.

El ingeniero Héctor, a pesar de saber que el cliente estaba equivocado, prefería mantener la cuenta y el proyecto, lo cual es entendible; sin embargo, en su afán de conservarlo, hacía sentir mal a su equipo, cuestionando su conocimiento o intentando hacerles sentir ignorantes al respecto. Todos los involucrados en el proyecto buscaban ya otras oportunidades. A pesar de seguir ahí, apenas encontraran buenas opciones, incluso con una remuneración menor, estaban dispuestos a cambiarse, solo por el ambiente laboral en el que se encontraban.

Tus estudios no deben limitar tus capacidades ni tu desarrollo.
Buscar especializarse en algún área ayuda mucho cuando buscamos crecer dentro de esta, definitivamente. Vamos mejorando en un tema, y cada día nos volvemos más expertos; nuestros conocimientos también evolucionan. No debemos dejar de crecer y mejorar en cualquiera de los posibles aspectos que sean de nuestro interés. Pero esto no debe limitar que podamos aprender, absorber, implementar o innovar en cualquier área.

Así como en los negocios, la diversificación es una gran estrategia para poder dar continuidad a nuestras actividades y operaciones; en nuestros conocimientos es algo similar. Decidir estudiar una licenciatura no limita que debamos especializarnos en eso. La decisión acerca de lo que queremos dedicar nuestra vida profesional suele llegar entre los 15 y 20 años de edad, lo que puede ser muy temprano, ya que, en ocasiones, hasta que no nos encontramos en el mundo laboral, podemos darnos cuenta de lo que realmente queremos hacer.

No saben la cantidad de personas, por ejemplo, que conocí que se cambiaban de carrera a mitad de camino o más avanzados. Pero también hay quienes descubren esto una vez que ya están dentro de la vida laboral. Yo mismo soy un ejemplo de eso; de hecho, inicié estudiando Ingeniería Industrial y me cambié a Ingeniería Civil, con un par de materias no revalidadas. Sin embargo, terminé trabajando en áreas completamente diferentes, y aun así ha significado una ventaja competitiva en muchas ocasiones.

Las habilidades tanto duras como blandas son muy importantes; no hay unas más que las otras. Uno debe tener tanto el conocimiento como la personalidad para poder equilibrar ambas. Una persona con cierto conocimiento siempre será respetada y seguida, pero una persona con habilidades blandas puede llegar a convertirse en un líder al que varios quieran seguir, ambos desde un sentido de admiración.

Tanto en construcción como en programación existen muchas habilidades que las buenas prácticas nos brindan, así como diversas formas de liderar equipos y dirigir. El éxito de muchos proyectos radica en las capacidades y habilidades de los encargados de administrar los recursos y seleccionar la manera más adecuada de hacerlo.

> La metodología Scrum surgió como una metodología ágil para la administración de proyectos; de hecho, sus beneficios han sido utilizados en diversas industrias.

Por diversas situaciones, durante unos meses me encontré desempleado; ha sido uno de los momentos más complicados que he vivido. Se me presentó la oportunidad que estaba buscando para dejar mi empleo anterior de una forma muy inesperada, algo que realmente no quería, pero de alguna manera me dio el valor que necesitaba para tomar la decisión de cambiar el rumbo de mi vida laboral.

Para ser franco, nunca pensé que tendría problemas para encontrar empleo. En ese momento, el emprendimiento no era una opción, ya que no contaba con mucho capital para hacerlo. Así que decidí mejorar todas mis habilidades. Sabía que estaba bien preparado; había terminado mi maestría, que la consultora me había ayudado a conseguir. Durante ese tiempo, también comencé a realizar diversas certificaciones que califiqué gracias a la experiencia que tenía y que, al mismo tiempo, vi que eran solicitadas en los diferentes portales de empleo que visitaba.

Comencé a estudiar muchos de estos temas y continué aplicando a diversas vacantes y posiciones. Modifiqué mi CV como muchos expertos me recomendaron; tomé varios cursos para hacerlo más llamativo, y efectivamente, lograba captar la atención. Al mismo tiempo, me preparé para todas las entrevistas. Tenía muchas llamadas y primeras entrevistas; de hecho, era extraño que no llegara a la última entrevista para alguna posición. Durante meses, estuve esperando siempre la mejor oportunidad, la próxima entrevista, la mejor posición, y entraba esa llamada o correo con una oferta laboral. Todo esto comenzó a preocuparme cada vez más y a mermar mi confianza.

Veía cómo mis ahorros comenzaban a disminuir, así que comencé a realizar pequeños trabajos como ingeniero civil, que fue la licenciatura que estudié, para generar ingresos, aunque fueran menores. Quería mantener un poco de mis ahorros y continuar solventando mis gastos. Hacía algunas remodelaciones, revisiones de planos, elaboración de presupuestos, entre otras cosas.

> *"Darás a la gente de la Tierra un ideal por el que luchar. Correrán detrás de ti, tropezarán, caerán. Pero con el tiempo, se unirán a ti en el sol, Kal. Con el tiempo, los ayudarás a lograr maravillas.".*
>
> **Jor-El, 2013**
>
> *The Man of Steel, 2023*

Uno de mis mejores amigos también me llamó para preguntarme cómo logré cambiar y participar en otras industrias. Habíamos estudiado juntos la licenciatura y tenía mucha curiosidad. Ese día por la tarde llegó mi título de maestría, así que decidí hacer una publicación en redes sociales. Mis padres estaban muy felices por ese logro. Para responder a mi compañero, también mencioné otras certificaciones que había obtenido.

No pasó mucho tiempo antes de que comenzara a recibir todo tipo de mensajes, insultos y menosprecio hacia todos mis estudios, poniendo en duda mi experiencia laboral por haberme tomado el tiempo de invertir en mi formación y preparación.

> *""Sangre derramada llamará más sangre, el odio llamará más odio... No importa cuántas veces se repita, ellos nunca aprenderán..."*
>
> ***Envidia***
>
> *Full Metal Alchemist, 2003*

Al final, supe quién había sido la persona que se molestó en realizar ese tipo de publicaciones y enviarlas a páginas para hacer burla, entre otras cosas. Me pareció triste ver que había sido una excompañera de la licenciatura. Decidí continuar buscando, pues sabía lo que estaba logrando, lo que sucedía en ese momento y todo lo que tenía para ofrecer y aportar valor con mi trabajo.

Sin embargo, no negaré que lo que más me causó ruido fue el poco interés por superarse por parte de la mayoría de las personas. Ver diversos mensajes acerca de mi profesión y que muchas habilidades, como las financieras, la administración o las metodologías ágiles, no serían útiles me sorprendió.

Lo más importante es poder desarrollar las habilidades que nos permitan aportar a la sociedad, que nos faciliten crecer en una organización y que podamos cobrar por realizarlas.

Entre lo teórico y lo empírico: la madurez

La madurez se entiende como el punto del ciclo de vida en el que un organismo ha alcanzado la plenitud de su desarrollo. Tanto una persona de forma individual como toda una organización y la sociedad en general debemos alcanzar un nivel de madurez que nos permita avanzar y llegar al siguiente nivel.

> El conocimiento empírico viene de lo vivido y la experiencia, se puede encontrar limitado al recurso con el que se cuenta, el conocimiento teórico se puede ver limitado a nuestra imaginación.
>
> Ambos pueden estar correctos e incorrectos, ya que el teórico puede basarse en hipótesis y el empírico sesgado por un punto de vista de acuerdo a lo vivido.

Claramente, hay diversas formas de adquirir conocimiento. En ocasiones, cuando estamos en la búsqueda de nuestros primeros empleos, lo que se busca es la preparación, los estudios que tenemos y el grado de involucramiento en la vida estudiantil. Por otro lado, se encuentra el conocimiento más empírico, que, conforme pasan los años, se va valorando y solicitando cada vez más. Las personas no preguntan tanto sobre nuestros estudios, sino más acerca de cómo hemos utilizado nuestro conocimiento para resolver ciertos problemas.

Sin embargo, lo que más se debe tener en cuenta son los resultados obtenidos a partir de la combinación tanto teórica como práctica, así como la actitud que mostramos frente a estos retos y, sobre todo, la habilidad para comunicarnos y vendernos. Tanto si estamos en una etapa de emprendimiento como buscando empleo, debemos aprender a vender; constantemente estamos haciendo ventas, ya sea de nuestro tiempo, nuestras habilidades o nuestros conocimientos. Al final, todo se decide por detalles subjetivos.

Aparte del conocimiento, ya sea empírico o teórico, y la disposición de aprender, para ser tomado en cuenta en ciertos niveles se requiere una cierta madurez. Esto es importante, debido a que, entre mayores sean las responsabilidades, la toma de decisiones afectará, en menor o mayor medida, a la organización.

> *""¿Cómo voy a demostrar que soy un héroe si no me dan la oportunidad?"*
>
> **Hércules, 1997**

Disney Hércules, 1997

Durante mis estudios de licenciatura, recuerdo siempre haber sido de los mejores de la clase; mis notas siempre sobresalían. Y, de todos modos, ahí estaba, buscando trabajo, al igual que muchos otros profesionistas. A pesar de la experiencia adquirida en altos niveles corporativos, dirigiendo proyectos tanto de construcción como de transformación empresarial, me encontraba en dificultades para encontrar empleo.

No pensé que me fuera a resultar difícil. Ya tenía los estudios requeridos y mucha de la experiencia que, por lo general, piden los reclutadores. Además, contaba con la recomendación de las personas con quienes había colaborado. Muchas de ellas se encontraban moviendo mi CV con la intención de agilizar los procesos de selección.

Tuve miles de entrevistas, en ocasiones hasta tres por día; siempre tenía que ver cómo acomodarlas, ya que, afortunadamente, eran varias, y no dejaba de aplicar a todas las posibilidades. Me fijaba en el conocimiento tanto empírico como teórico que se solicitaba y veía que, efectivamente, me encontraba calificado o incluso sobrecalificado.

Sin embargo, fueron varios meses en los que me mantuve en este proceso de búsqueda de empleo, tiempo que aproveché para respaldar todo mi conocimiento. Confiaba en que una buena oportunidad se iba a presentar. Pero, a lo largo de ese tiempo, uno se encuentra llenándose de dudas, aumentando la ansiedad y haciendo introspección, cuestionando las decisiones tomadas.

Sabía de buena forma que mi CV estaba llamando la atención; tenía muchas visitas en todos los perfiles y páginas en donde me postulaba para encontrar empleo. Además, contaba con muchas entrevistas y primeras llamadas, y en varias de ellas, al escuchar mi experiencia, me descartaban por estar sobrecalificado.

En las aplicaciones que más me interesaban, siempre llegaba a la última entrevista. Era raro que no me hablaran hasta esa etapa; esto siempre me daba algo de tranquilidad, ya que estaba realizando buenas entrevistas. En los casos a resolver o pruebas que enviaban, siempre destacaba, y recibía comentarios muy positivos sobre la forma en que resolvía o planteaba las situaciones.

Era muy desalentador recibir una negativa en algo que estaba buscando; siempre impactará en nuestra autoestima. Probablemente, dudaremos de nuestras capacidades, y eso resulta frustrante. Cada vez que me llamaban o enviaban un correo, ya fuera de agradecimiento por el tiempo dedicado o para informarme sobre el estado del proceso, siempre pedía retroalimentación para saber en qué debía mejorar para futuras aplicaciones.

Era extraño, ya que no había comentarios negativos al respecto en ninguna entrevista; de hecho, no se señalaban áreas de mejora ni puntos importantes. Esto me frustraba aún más. La moral iba bajando y la preocupación incrementando. Mis ahorros, aunque optimizados al máximo, también se veían mermados poco a poco. Sentía que fallaba por todas partes, incluso a mí mismo.

Por lo general, mucha de la retroalimentación que recibía me decía que era un tema de subjetividad; al final, se encontraban entre dos o tres candidatos, y se decantaban por uno o por otro por cuestiones meramente subjetivas y de apreciación. ¿Cómo iba a saber, entonces, qué puntos podía mejorar para lograr el objetivo?

Aún recuerdo a varias reclutadoras a quienes les agradezco por ser tan humanas en este trato. Muchos candidatos, por lo general, terminamos esperando una respuesta que nunca llega, y no sabemos cuándo dejar de esperar. Sin embargo, lo que me llamó la atención fue la respuesta de una de las llamadas "Big 4" de la consultoría.

Había realizado todo mi proceso de selección y contratación como es debido: las pruebas y las entrevistas. Me encontraba nervioso debido a los demás procesos en los que había estado y que habían tenido respuestas desfavorables. Sin embargo, esta sería la excepción, más no el final de mi camino, y sí me daría la respuesta que estaba buscando.

Recibí la esperada llamada; apenas vi el número, supe que eran ellos, así que contesté de inmediato. Me informaron que yo era el candidato seleccionado, que me iban a contratar y que me harían llegar mi contrato y todas las instrucciones para iniciar esta parte del proceso y mi próximo ingreso.

Solo había que aclarar una situación: estaban muy interesados en mi CV. En las entrevistas lo hice increíble y ahora había sido seleccionado, pero buscaban a alguien de mayor edad. En ese momento, yo tenía 28 años, y la vacante estaba pensada para alguien entre 35 y 40 años. Sin embargo, habían quedado sorprendidos por mis entrevistas y la experiencia demostrada, independientemente de los estudios y certificaciones que poseía.

Me buscarían hacer una propuesta adecuada para mi situación. Para ellos, era importante contar con una persona que tuviera compromisos o responsabilidades, como estar casado, tal vez con hijos o pagando una casa. Esto era relevante para ellos. Yo estaba sorprendido al escuchar lo que decían y, entre decepcionado y desilusionado, acepté que me enviaran la propuesta. Consideraban que estaba en una edad propicia para madurar dentro de la empresa y poder crecer con ellos a largo plazo.

Unos minutos después de colgar la llamada, entró a mi correo una propuesta que había recortado la mitad de lo que se había platicado inicialmente. Tristemente, tuve que rechazar la oferta y continuar mi búsqueda. Ya sabía que no era una cuestión de capacidades o de mi desempeño en las entrevistas, sino algo meramente subjetivo.

Decidí pedir ayuda y consejo a personas dentro de la industria de selección y contratación para entender el motivo detrás de esos parámetros. Esto se debía al poder que se puede llegar a tener sobre los colaboradores.

Es increíble, pero cierto, y probablemente sea una de las verdades menos mencionadas en el ámbito corporativo. No se trata de conocimiento ni de experiencia, sino de cuántas responsabilidades cargas para que la organización pueda tener control sobre tus decisiones.

A los 28 años, sin hijos, sin estar casado y sin pareja, esas eran mis características; o más bien, en las que se estaban fijando. Para mí, era sorprendente que esos fueran los parámetros subjetivos que probablemente en la mayoría de las ocasiones me descalificaban.

Cuando estás casado o tienes hijos, tienes una responsabilidad, y eso puede hacerte dar más de ti, dedicarle más tiempo o hacer todo lo necesario para obtener los resultados que se buscan o exigen. Si no llegas a los resultados que las organizaciones se plantean, pueden llegar a prescindir de tu colaboración. Esto hace que las personas trabajen día y noche, si es necesario, las horas que sean requeridas, o que busquen la forma de que sí se realicen las cosas y de llegar a la meta.

Al no contar con ninguna de estas características, a pesar de la preparación y la experiencia, las organizaciones no tendrían control sobre mí. Me ven como una persona egoísta, que solo busca un empleo para poder darse algunos lujos, viajar u otros objetivos banales, los cuales podrían considerarse prescindibles. Por lo tanto, el poder de negociación conmigo sería mucho menor. No aguantaría ciertos tratos que en ocasiones saben que son abusivos, pero muchas veces llegan a esos extremos, ya sea por malos liderazgos o por un desconocimiento de la situación. Yo tenía un mayor poder de decisión, y eso era algo que no era del agrado de muchos; un buen sueldo en alguien que tiene un mayor poder de decisión es algo que las empresas no desean.

Me considero una persona responsable, que hace lo posible por que las tareas salgan adelante. Me gusta recibir reconocimiento y asumir retos, poner mis habilidades a prueba de forma constante, pero las empresas quieren apostar por la certeza, y este proceso de selección, acotado a esa forma, aumentaba las probabilidades de que así fuera.

> *"Un gran poder, conlleva una gran responsabilidad."*
>
> **Stan Lee, 1963**
>
> *Amazing Fantasy #15*

Al poco tiempo de esto, tuve una entrevista en una industria nueva para mí, la financiera, y decidí adoptar una responsabilidad que, en parte, no era 100% mía. Sin embargo, la empresa, al saber que tenía un compromiso, me contrató de inmediato, casi bajo las condiciones que estaba requiriendo. Esto me ayudó a retomar mi vida laboral.

Aún hoy en día, el tema de los derechos humanos y el bienestar de los colaboradores ha sido uno de los más abordados por las organizaciones más importantes a nivel global, como la OMS, entre otras. Muchos gobiernos han intentado poner en marcha programas con el fin de evaluar cuánto valor agregan. Sin embargo, aun así, muchas ocasiones requieren incluso violar los derechos humanos debido a ciertos tipos de liderazgo que existen internamente, o que los colaboradores arriesguen su salud priorizando sus labores con la organización.

Las organizaciones, al tener un mayor poder de negociación sobre sus colaboradores, buscan precisamente que las personas elijan sus responsabilidades laborales por encima de sus derechos y bienestar.

"¿Quién me obliga a contratarlos? Si yo quiero contratar a esta persona o a otra, que vengan a decirme a quién debo contratar. Al final, aquí somos los que pagamos."

Capacidades vs Discriminación

Tus capacidades, es decir, las habilidades que posees para lograr un objetivo o un fin determinado, son una de las cosas que nos dan valor, ya sea a nivel personal o profesional. Una de las cualidades más valoradas en el ámbito empresarial y en el mercado laboral es la capacidad de una persona para realizar ciertas tareas o alcanzar algún objetivo, ya sea dentro de una organización o fuera de ella. Ya seas empleado o emprendedor, debes contar con habilidades que te permitan destacar.

Uno de los consejos que escuché fue acerca de cómo mejorar para tener mayores habilidades que ofrecer en el mercado laboral. Claramente, la meta es poder emprender, pero para lograrlo, previamente no solo hay que aprender, sino también ahorrar y conseguir los recursos, para luego saber en dónde invertirlos o destinarlos, como bien me decía mi padre. Sin embargo, cuántas veces esto puede jugar a nuestro favor o en contra. Creo que también es cuestión de tiempo y de encontrar la oportunidad correcta, donde se puedan valorar mejor nuestras posibles aportaciones.

Hay que estar preparados para cuando estas oportunidades se presenten y siempre dispuestos a aprender de todas las situaciones para aplicarlo posteriormente. Es esencial aprovechar todo nuestro tiempo en adquirir conocimientos o experiencias que nos den un valor. Siempre debemos mantenernos avanzando y buscando caminos que nos lleven a donde queremos estar.

Diversificar conocimientos es valioso, ya que nos ayuda a ver las necesidades de diversas áreas desde muchos puntos de vista, anticipar problemas y, sobre todo, resolverlos. Esto nos otorga un mayor valor, ya que nos proporcionará la oportunidad de crear soluciones más integrales.

> *"Que merezcas algo no significa que te lo vayan a dar, a veces hay que coger lo que es nuestro".*
>
> **Ken Carter, 2005**
>
> Coach Carter

Cuando llegué al mundo financiero por el lado de la ingeniería, conocí gran parte de los procesos que se encuentran detrás de toda esa maquinaria que hace funcionar a muchos bancos, procesos que a menudo no vemos o que pensamos que aportan poco valor. Muchas de esas áreas de soporte son las que hacen todo posible.

Ahí conocí a Emma, quien se encontraba como líder de todo un equipo. Los equipos estaban divididos por las áreas a las que se les daba servicio, dependiendo de las necesidades de cada una. Debo recalcar que, conforme más te ibas involucrando con un área, más te convertías en experto en los procesos de esta. Aunque no fuera necesariamente tu área de conocimiento, uno iba aprendiendo y experimentando con el paso del tiempo. Terminabas con conocimientos que no pensabas tener, lo que te permitía tener un mejor entendimiento y nivel de conversación, exponer los proyectos de mejor manera y comprender las necesidades.

Fue entonces cuando me di cuenta de que Emma sabía mucho sobre los procesos de otras áreas en las que no estaba a cargo. Esto era interesante, ya que había muchos procesos distintos, y cada uno tenía su respectiva dificultad. Una frase muy común en la consultoría es: "sabes de todo, pero no eres experto en nada", algo que solía escuchar de mis excompañeros de trabajo. Sin embargo, saber un poco de todo nos daba la capacidad de solucionar problemas de forma integral, liderar equipos multidisciplinarios y, finalmente, decidir delegar tareas en las manos correctas.

Cuando llegué al equipo, tuvimos un convivio fuera de la oficina, donde una compañera y yo nos quedamos platicando con el director del área. Fue entonces cuando, al hacer un comentario, nos dio a entender que cada vez que había una dificultad mayor, un problema que sabía que era importante y urgente, en lugar de solicitarlo al encargado del servicio de esa área, terminaba siendo Emma su primera opción. No era que Emma se negara a apoyar a otras áreas, sino que era la persona que tenía la capacidad de obtener el resultado buscado en ese tiempo. Así que ese era el motivo por el cual Emma había aprendido muchos de los procesos de las otras áreas. Emma siempre ofrecía soluciones; era el colaborador que resolvía dentro del área, pero eso no significaba que fuera el más valorado.

No podía imaginar la frustración de escuchar que eras a quien todos buscaban cuando había un problema, pero no ser el más valorado, en términos de posición, incentivos y otras cosas. Tenía prácticamente todo el conocimiento de las áreas, e incluso de las que otros compañeros estaban a cargo, y no veía un progreso en lo profesional.

Probablemente cometí un error al pensar que podría aprender de él o que sería mi mentor de alguna forma, buscando el reconocimiento de la misma manera. Cada vez que había un problema, lo buscaban a él, e intenté aprender lo mismo. Intenté aportar de la misma forma en que él lo hacía, y ciertamente hicimos una buena amistad. Sin embargo, en poco tiempo llegué a niveles de frustración, con días en los que me sentía estancado a pesar del poco tiempo que llevaba colaborando.

Ver a un compañero que había estado colaborando durante mucho tiempo, reconocido por varias personas de otras áreas y que no se encontraba progresando, daba matices de no querer llegar a su lugar. Exceso de trabajo, horas extendidas, tanto en términos de remuneración como de posición, que otros lograban fácilmente.

Siempre he escuchado que, en el mundo corporativo, así como en la vida, lo más importante son los contactos y no tanto tus habilidades o capacidades, y en este caso no sería la excepción, a pesar de que la institución hacía esfuerzos importantes por eliminar este tipo de prácticas. Emma era reconocido por muchas de las otras áreas en el banco y tenía muchos contactos importantes. Cuando le llegó una mejor opción en el área en la que se encontraba, la tomó. Fue complicado tener que rebalancear todas las actividades.

Toma en cuenta el "Cambio Variable". Los factores que rigen la relación entre empleado y empresa son conocidos como condiciones laborales. Aspectos como la seguridad y calidad del entorno laboral son vitales. Asimismo, se encuentran redactadas las condiciones de salud y bienestar.

Aspectos importantes a considerar en un contrato:

Contrato indefinido, temporal o de formación.

Periodo Prueba

Condiciones Salariales y categoría profesional

Jornada y descanso

Cláusulas adicionales (generalmente de confidencialidad)

Las condiciones de trabajo, dependiendo del país, son reguladas por diversos organismos, tanto a través de acuerdos específicos como de legislación laboral. Durante mi etapa en consultoría, me encontré con un proyecto en el mundo financiero. De hecho, con este proyecto pude aprender un poco más acerca de la industria, conocer la nomenclatura, así como algunas reglas y normas que siguen, y cómo se manejan internamente estas organizaciones.

Mi tarea específica era la administración de prioridades, distribución de tareas y seguimiento de actividades, adoptando la figura de un director de proyectos. O, en este caso, de programas, ya que supervisaba diversos proyectos. Después de las primeras semanas, me di cuenta de que los objetivos no se iban a lograr.

El equipo se encontraba totalmente desmotivado. A pesar de mi llegada y de que quería aportar, desafortunadamente, no cambiaría esta dinámica. Al llegar al proyecto, realicé un levantamiento y reconocimiento, buscando conocer un poco más al equipo. Al mismo tiempo, quería adoptar las mejores prácticas y familiarizarme más con el ambiente de trabajo que había entre el cliente y nosotros como consultora.

Quería encontrar también los puntos de mejora y las quejas de todos, con la intención de ver qué podíamos hacer para mejorar los procesos o para hacerlos menos dolorosos. Aún recuerdo haber llegado queriendo motivar a todos, dando opciones de mejora conforme iba escuchando los procesos y aprendiendo, y, aun así, el equipo seguía desmotivado. A pesar de que en un par de ocasiones varios de mis compañeros compartían conmigo sus puntos de vista, aseguraban que de nada servía, que no habría cambios.

Así que tuve que vivir este proceso para entender la situación en la que se encontraban mis compañeros. Pasó menos de un mes para darme cuenta de lo ocurrido. No eran los procesos; eran las formas, los líderes, la poca coherencia y los cambios en las condiciones laborales.

Recibimos una llamada de videoconferencia dos horas antes de la entrada a la oficina, por medios no oficiales, en la que el director de área se encontraba quejándose al respecto, decepcionado de los resultados, entre otras cosas, cuestionando al equipo sobre el motivo de que, si ellos cumplían, el equipo no lo hacía.

Algo que me llamó la atención fue que ellos se jactaban de cumplir su parte del contrato al brindar las condiciones laborales estipuladas y aceptadas por todos, y que los colaboradores no daban más de sí para mejorar los resultados planteados. Echaban en cara el hecho de depositar a tiempo, como si no les hiciera falta su remuneración, como si se tratara de un logro, cuando eso estaba en el contrato.

El trabajo no llegó a desmotivar; sabíamos la complejidad y los procesos para solucionarlos, pero lo que realmente tenía al equipo en una situación delicada era todo lo que el ambiente de incertidumbre generaba. Comenzaban a cambiar ciertas condiciones también, como los días de trabajo en casa. Si a consideración de los líderes era necesario, tenían que acudir a la oficina más días de los pactados. En caso de errores de apreciación, se discutirían la posterior solución, pero el castigo ya se habría cumplido.

> *"Si no saben que puerta abrir, siempre tengan en cuenta el Cambio de Variable".*
>
> **Mickey Rosa, 2008**
>
> 21 Blackjack

Nos encontrábamos un día durante la comida, conviviendo como todos los días, preguntándonos por la ausencia de una compañera, de la cual supimos que había tenido un accidente durante el fin de semana. Esta compañera había solicitado hacer uso del Seguro de Gastos que la empresa había prometido y que, al parecer, había dado de alta. Sin embargo, al intentar hacer uso de él, la empresa comenzó a darle largas, sin respuesta alguna. En su contrato había firmado que contaría con este seguro, y era una de las principales condiciones por las cuales ella había aceptado el trabajo. A pesar de esto, la consultora nunca la dio de alta en el seguro, y por eso le estaban dando excusas al respecto, pidiéndole que no hiciera uso de él.

Ella tuvo que hacerse cargo de estos gastos, y posteriormente la empresa le reembolsó con la intención de evitar un mayor problema. Eso no fue suficiente para que todos dejaran de dudar sobre su situación.

Claramente, todos se alarmaron al respecto. Había una mayor preocupación sobre los seguros de gastos; a pesar de estar pactados en las condiciones de trabajo, la empresa realmente no los había dado de alta con ninguna aseguradora. Muchos comenzaron a llamar para tocar el tema con la persona encargada de recursos humanos y obtuvieron respuestas completamente desfavorables y poco alentadoras. Durante la semana hubo una llamada con el director, quien enfatizó que la prestación de seguro de gastos no es una obligación de la empresa, a pesar de estar pactada en el contrato, sino que debíamos tomarla como algo que nos ofrecen, pero no es un deber cumplirlo.

Así fue que, unos días después, la persona encargada de recursos humanos se encontró acudiendo a la institución financiera con la intención de que todos firmaran un nuevo contrato, eliminando únicamente la prestación del seguro de gastos. No había nada nuevo; simplemente estaban quitando esta prestación que no estaban dispuestos a cumplir, y era algo que todos debían firmar para continuar con sus labores. Varios, con algunas excusas o evitando a la persona de recursos humanos, lograban extender este proceso, pero era algo inevitable. De no encontrar otra oportunidad fuera, se verían casi forzados a firmar.

Aun así, esa semana, el director del área organizó una cena fuera del horario laboral. Generalmente, estas actividades son bien recibidas por todo el personal, ya sea una cena, días de boliche, entre otras. Sin embargo, cuando estas son fuera del horario laboral o en días que no corresponde ir a la oficina, resultan más contraproducentes, ya que terminan por consumir el tiempo libre de los colaboradores, tiempo que dedican a sus familias y seres queridos, y a continuar con actividades del trabajo.

A pesar de esto, la cena tenía la clara intención de hacer sentir mal al equipo o de victimizar a la consultora. Preguntas como "¿Qué estoy haciendo mal?", refiriéndose a uno mismo, "¿cómo me puedo motivar más?", "¿cómo puedo hacer un mejor trabajo?" eran comunes y reflejaban el enfoque del director, queriendo señalar que nadie hacía lo suficiente como los líderes, quienes se preocupaban por todos los colaboradores.

La incertidumbre y los constantes señalamientos, junto con la búsqueda de culpables, seguían provocando preocupación en el equipo. Pasaron pocos días y regresó la persona de recursos humanos; nuevamente había que firmar un nuevo contrato. Sin embargo, el cambio ahora incluía una fecha de finalización de los servicios de los colaboradores. Básicamente, era una amenaza de no renovación constante que, a pesar de estar programada para unos meses adelante, se convertía en una amenaza subjetiva para no tener que pagar la liquidación que se tendría que abonar con el contrato original.

En esos días, tuve la fortuna de conseguir una nueva oportunidad laboral; realmente no lo dudé ni por un instante. Mis compañeros, por otro lado, se encontraban ya en otros procesos, y poco a poco comenzarían a salir de la organización.

Capítulo 5: Gobierno Corporativo

Durante mis primeros trabajos en la consultoría de pequeñas y medianas empresas, mi bisabuelo José, mis padres y María se encontraban recurrentemente en mi cabeza. Conforme fui avanzando en mis estudios y en mi experiencia, comenzaba a formular en mi mente los posibles motivos por los cuales no funcionaban de forma correcta los negocios que habían comenzado. Buscaba entender por qué no llegaban a ser sostenibles y cuáles eran las razones de su desaparición, que les impedían darle continuidad y perdurar con el tiempo.

Una de las respuestas se podía encontrar en la gobernanza. ¿Cómo pueden las personas disfrutar de las ganancias de sus negocios si nunca terminan por delegar todas las responsabilidades? ¿En qué momento es correcto comenzar a ejercerla?

Cuando centralizamos todas las decisiones en una sola persona, si esta falta, lo más seguro es que la organización sufra su ausencia. Es todo un proceso de aprendizaje, tanto para los líderes como para todos los colaboradores, ya que se trata de un constante crecimiento y progreso en la toma de decisiones. A medida que asumimos más responsabilidades, mayor será el impacto que estas tendrán en la organización.

La gobernanza corporativa se entiende como todas las políticas y procesos que guían a la empresa, parametrizan y controlan las decisiones que se toman, sin importar los actores, pero sí respetando las figuras que representan. Ayuda a los corporativos a alcanzar sus objetivos, con miras al crecimiento y desarrollo constante de nuevas oportunidades de negocio, diferenciándose de la competencia en el mercado y mejorando su reputación.

La gobernanza se puede entender como la manera formal de ejercer liderazgo o manejar un cargo dentro de una organización.

Centralización o el miedo a delegar

Una de las cuestiones que más aquejan a las personas al iniciar un negocio o emprender es el tiempo que se le dedica. Cuando las operaciones están en sus primeros meses, es casi imposible pensar que alguien más pueda realizar cualquiera de las tareas. Por lo general, buscamos hacerlas por nuestra cuenta, de la manera que nos gusta, aunque en muchas ocasiones no lleguemos al resultado deseado. Queremos realizarlas para obtener la tranquilidad de haber hecho lo mejor posible por completar esa tarea.

También debemos reconocer algunas de las ventajas que esto conlleva, como la rapidez y coherencia en la toma de decisiones. Existe una mayor coordinación y, finalmente, uniformidad durante la implementación de estrategias.

> La centralización es un modelo administrativo en el que los diferentes procesos de toma de decisiones recaen sobre una persona, una figura administrativa o un grupo reducido de personas.

En cada una de las historias que escuchaba en casa de mi abuela materna, Gloria, cuando se mencionaban cuestiones relacionadas con los negocios familiares de mi bisabuelo, las decisiones siempre recaían en él. A pesar de apoyarse en sus hijos y en su esposa, él terminaba tomando todas y cada una de las decisiones.

Aunque se había diversificado en muchas áreas, la responsabilidad recayó siempre sobre él, incluso cuando no era el experto en ciertos temas. Por ejemplo, podía tomar buenas decisiones en las operaciones del campo, pero podría haber mejorado en la parte de comercialización. Probablemente, debió buscar a alguien mejor capacitado o a un socio que le permitiera crecer, que le ofreciera otro punto de vista o una opinión que le ayudara en una mejor toma de decisiones.

No tengo duda de que, en su época, tomó las mejores decisiones con la información y preparación que tenía. Sin embargo, siempre está la cuestión de lo que podemos mejorar; es una pregunta inevitable que aparece cuando reflexionamos sobre las lecciones aprendidas.

Él manejaba todos sus negocios, que eran muy variados, y le gustaba tener la última palabra y el control total sobre ellos. Aunque esto podría ser un error a futuro, en el corto plazo parecía ser la solución más lógica y simple.

> *"Si debo pelear solo, que así sea. Pero apuesto que habrá más".*
>
> **Steve Rogers, 2014**
>
> *Capitán América: El Soldado del Invierno*

A pesar de que mis tíos se habían preparado y estudiado, no se encontraban en las condiciones adecuadas para manejar los negocios de mi bisabuelo José. Aunque realizaban tareas operativas, nunca se habían involucrado o mostrado un interés genuino en el desarrollo de estos negocios. Por eso, cuando mi bisabuelo falleció, todo comenzó a perderse. Parecía que la mejor y más lógica solución sería vender poco a poco todo, abriendo así el camino a personas que supieran del negocio. Probablemente, debieron contratar a algún experto que los asesorara o buscar un socio que garantizara la continuidad e hiciera sostenibles esos negocios.

Mi bisabuelo debió comenzar a inculcar esta cultura, preocuparse por la continuidad y saber delegar estas responsabilidades a las próximas generaciones. Además, debió considerar el futuro, escuchar a su familia y evaluar las posibilidades reales de que su legado pudiera continuar y trascender más allá de lo que él logró al centralizar todas las decisiones. Habría tomado mejores decisiones con la información que habría obtenido de primera mano.

Recupera tu tiempo: comienza con lo simple

Cuando las decisiones recaen sobre una sola persona, esta se encuentra atada a su empresa; es complicado afirmar que tienes una empresa, más bien sería un autoempleo. Una persona puede llegar a ser independiente, pero en ocasiones se carga de más trabajo que en un empleo, lo que puede llevar a niveles altos de estrés, desarrollar enfermedades crónicas, entre otras cosas, y a pesar de estar generando buenas ganancias, disminuir sus expectativas de vida.

Cuando estás en un autoempleo, es muy complicado poder delegar tareas, ya que, al final, tú terminas por cerrar los tratos y ejecutar todo. En parte, esto sucede porque las personas o clientes terminan buscando al dueño simplemente porque desean que él realice el trabajo, no porque exista una estructura u organización que apoye el desarrollo.

Esto vuelve muy complejo para la persona a la cabeza, ya que, al momento de faltar o delegar alguna de las actividades, los clientes pueden quedar inconformes.

Esto es importante, pues sin esa persona, los clientes generalmente terminarán buscando el producto o servicio por otro lado.

Esto, por lo tanto, no permite que el autoempleado tenga la oportunidad de disfrutar de su esfuerzo; por el contrario, termina llenándose constantemente de más trabajo, generando en sí mismo una necesidad, y cuando no está trabajando, una ansiedad o culpa por su situación.

Los clientes, por lo general, buscan tratos personalizados, y el trabajo se vuelve celoso; claramente, ningún cliente quiere recibir un producto inferior a lo esperado o un servicio de menor calidad. Por lo tanto, el alcance se reduce a una sola persona, al tiempo que esta persona puede dedicarle u ofrecer.

> El autoempleo es una modalidad de cuando la persona trabaja para sí misma. Toda actividad empresarial recae sobre la misma persona y es responsable en su totalidad de sus ingresos.

Mi padre fue un ejemplo de autoempleo durante muchos años. Siempre se encontraba en sus obras y atendía personalmente a todos los clientes. Al mismo tiempo, además de conseguir los contratos, dedicaba todo su tiempo y más. Trabajaba largas jornadas, noches prolongadas y tenía poco descanso, no solo en la parte operativa, sino también en la administrativa.

Mi padre quería hacer las cosas con tanto detalle que siempre buscaba realizar todo por su cuenta: desde la supervisión de obra hasta la presentación de números generadores, la elaboración de nóminas y el pago a todos los colaboradores.

Viendo esto muchos años más tarde, uno entiende toda la carga laboral que llevaba. Para mí, era impresionante verlo; en ocasiones, quien más lo apoyaba era mi madre, quien nunca lo dejaba solo bajo ningún motivo o circunstancia.

Hasta que, en un momento, mi padre decidió contratar a una secretaria. Tal vez no fue la mayor de las contrataciones, pero se liberó de algunas tareas que le consumían tiempo. Cuestiones quizás un poco menores, como el cálculo del pago para las personas de obra, el pago de algunas cuentas y servicios, así como la organización de la agenda, representaron un avance. A mi padre le gustaba acaparar todo esto, pero fue una lección para él aprender a soltar algunas actividades, aunque mínimas, lo cual fue todo un aprendizaje.

Así fue como mi madre también comenzó a hacer lo mismo. A ella no le gustaba que nadie más limpiara su hogar; prefería que mi hermana y yo la ayudáramos. De hecho, todos los sábados, después de estar en el negocio con ellos, nos ponían tareas del hogar, de limpieza o jardinería, ya que le gustaba que ciertas cosas se hicieran de una forma específica. Al ver que mi padre comenzaba a delegar, ella también decidió hacerlo con algunas de estas tareas, como la limpieza general, por ejemplo. A pesar de que la casa siempre estaba bien recogida y ordenada, terminó por delegar tareas sencillas, como el lavado de ropa, que en ocasiones era un proceso tardado.

> *"¡Mejores cosas que luchar debería estar haciendo un Maestro Jedi! Buscando sabiduría. Encontrando equilibrio. Pero estos son los días que vivir nos ha tocado".*
>
> **Yoda**
>
> Star Wars

Y así, ambos, al darse cuenta de que estaban rebasados por muchas de sus actividades de emprendimiento, decidieron seleccionar aquellas que les aportaban menor valor. Contrataron a personas para esas tareas del hogar, y aunque eran actividades cotidianas, para ambos representó un aprendizaje.

Posteriormente, mi padre contrató en la tienda de materiales a alguien que le ayudara con los traslados de materiales hacia las obras y a supervisores que pudiesen responder en caso de que los clientes lo solicitaran. Poco a poco, comencé a ver más a mi padre; se hacía más presente en mi vida, y creo que mejoramos nuestra relación en todos los aspectos.

Lo mismo ocurrió con mi madre. Aunque seguía apoyando con tareas del hogar, la convivencia que teníamos era mucho más valiosa que solo escuchar las solicitudes o tareas que nos daba. Salíamos más como familia y comenzamos a valorar más el tiempo que pasábamos juntos.

Descentralización: escoger con quiénes te rodeas

Cuando una empresa comienza a crecer, su capacidad debe incrementarse de forma planeada para poder abastecer y satisfacer a todos los clientes que pueden llegar. La demanda debe planearse de una manera adecuada, ya que deben estar preparados para cumplir con los estándares y las expectativas de los clientes.

La mayoría de las tareas simples pueden ser fáciles de delegar, incluso las operativas. La realidad es que el crecimiento de una organización obliga a todos a delegar responsabilidades y actividades, sin limitarse a las capacidades de uno o de unos cuantos. La estructura de la organización debe prepararse para poder responder como se requiere y se espera.

> La descentralización es el proceso mediante el cual se dividen funciones, y la toma de decisiones que antes era centralizada en una persona o en un grupo de personas se dispersa. También se puede entender como la automatización en la toma de decisiones, así como en los procesos y procedimientos ejecutados en una empresa.

Por circunstancias ajenas a la vida, los padres de María fallecieron durante un fuego cruzado después de unas vacaciones de verano, debido a cuestiones de inseguridad que aquejaban la ciudad en la que vivía en aquel entonces. No solo fue un golpe muy duro, sino también inesperado; algo para lo cual nadie estaba preparado, ni siquiera en la organización en la que tanto tiempo habían invertido estructurando. Así como mi bisabuelo José, a pesar de que en la estructura de la organización había jerarquías, procesos y procedimientos determinados, la toma de decisiones finales recaía en el padre de María.

Aún recuerdo el funeral; ni la familia estaba lista para esto, y los familiares no sabían cómo apoyar a María ni quiénes se harían cargo de ella. A pesar de haber testamentos y de una aparente tranquilidad económica, había mucha incertidumbre respecto al futuro de las operaciones de la empresa.

María, a pesar de conocer el negocio desde lo operativo, no conocía la parte final de la toma de decisiones, y era algo que en ese momento tendría que comenzar a abordar y acostumbrarse. Tal vez era prematuro, pero la situación la obligaba a crecer de manera acelerada.

Intentó apoyarse en las personas dentro de la estructura del negocio, quienes conocían un poco más no solo las operaciones, sino también la parte administrativa. Creo que eso fue lo mejor y más inteligente que pudo hacer; sin embargo, ¿hasta dónde estaban todas estas personas capacitadas para dar continuidad a toda la operación? Al final, todos terminaban por ser operadores dentro de una organización que, a pesar de tener puestos de mayor jerarquía que otros, tenía la toma de decisiones aún al aire debido a la ausencia del padre de María.

A pesar de intentar contratar expertos en el tema y de darle mayores responsabilidades a sus entonces colaboradores, nadie más se encontraba capacitado para dar ese paso al frente que era urgente y necesario. Poco a poco, la empresa comenzó a deteriorarse, la estructura se hacía más pequeña y los activos, por lo tanto, se desgastaban o se agotaban.

Es importante, en la medida de lo posible, comenzar a preparar el momento en que alguien más asuma responsabilidades, poder delegar tareas y el poder necesario para tomar ciertas decisiones de la mejor y más informada forma, respetando la estrategia y la continuidad de las operaciones de toda una organización. Siendo conscientes de que no solo depende de una persona, sino de todas las que se encuentran en la estructura.

> *"Creo en construir un club de fútbol más que en construir un equipo de fútbol".*
>
> **Sir Alex Ferguson**
>
> *Exentrenador y Directivo Manchester United*

Mejor comenzar a realizarlo mientras podamos, no cuando la situación sea urgente o cuando ya no podamos hacerlo. Preparar la sucesión y la siguiente generación que ayude a perdurar y hacer que una organización sea sostenible es clave.

Analiza y canaliza con quienes te rodeas

Definitivamente, creo que el éxito de una empresa también depende de la selección de su personal, pero no solo de eso; es fundamental identificar su talento, saber guiarlo y enfocar sus habilidades hacia el logro de los objetivos de la organización.

Colocar a las personas correctas en los puestos de liderazgo también permitirá incentivar a los demás a que puedan mejorar, ya que en sus líderes deben identificar esa aspiración, muchas veces necesaria para poder ejecutar y mejorar en sus labores diarias.

Los colaboradores en puestos de liderazgo también deben estar bien rodeados, ya que, al final, sus subordinados los harán fuertes y les permitirán responder a las necesidades y adversidades que se vayan presentando.

Es por eso que, en cuestión de sucesión, debemos estar al pendiente de la formación y el desempeño de todos los colaboradores en la organización, y así poder hacer la selección más adecuada de quienes estarán al frente y cómo estarán rodeados. Esto incrementará o limitará sus capacidades y, finalmente, incentivará la competencia interna, permitiendo tener colaboradores cada vez más preparados y dispuestos a mejorar y aprender para continuar escalando dentro de la estructura establecida.

Cuando me encontraba en la preparatoria, jugaba en el equipo del colegio. Mi actitud y mis ganas siempre eran las mismas, al máximo; sin embargo, nunca tuve la oportunidad de desempeñarme en la posición que buscaba. A pesar de querer siempre dar mi máximo, había algo que en el terreno de juego me limitaba. Era extraño; tal vez algo psicológico o mental, pero no me sentía cómodo en el campo. Mi padre siempre me decía que él me veía como delantero; durante esos años, yo jugué en la media y hasta en la defensa, pero nunca llegué a la posición de atacante.

Era mi deporte, era lo que yo más quería. Recuerdo a mi madre intentando convencerme de que me cambiara de deporte, algo que no hice. Hasta que llegué a la universidad, donde el entrenador, al verme, de inmediato me cambió a la posición de atacante y comencé a funcionar de mejor manera. Los resultados se iban dando y terminamos ganando diversos partidos y títulos.

Ahí me di cuenta de que no era cuestión de capacidades, técnica o físico. De verdad, intentaba dar todo de mí en cada partido, pero simplemente mis características eran diferentes. Con el liderazgo y guía correctos, pude explotar más de ellas y funcionar con mis nuevos compañeros.

Todo a su tiempo

La necesidad, en ocasiones, nos obliga a tomar o delegar responsabilidades para las cuales no estamos preparados, o las personas a nuestro alrededor no se encuentran listas. Podemos solucionar algo de forma temporal, pero no como parte de lo habitual en la organización o negocio.

Cuando los padres de María fallecieron, ella intentó apoyarse en personas internas a la organización y se dio cuenta de que nadie estaba preparado para una sucesión. Es diferente asumir roles de liderazgo temporalmente o por un tiempo limitado, como durante vacaciones u otros momentos; sin embargo, para un periodo indefinido o largo, esto era casi imposible.

> *"Como quisiera ya ser el rey".*
>
> ***Simba, 1997***
>
> El Rey León, 1997

Cuando a ella le llegó la noticia acerca de sus padres, tuvo que tomar las riendas de forma prematura, prácticamente sin apoyo. Esto aceleró su proceso, así como el de algunos líderes. Desafortunadamente, el trabajo se veía mermado cada vez más. Había personas que cumplían funciones dobles, ya que apenas estaban buscando sus propios reemplazos. Era claro que la organización no estaba preparada, ni siquiera planeada, para la sucesión de roles.

Aunque muchos de los líderes y colaboradores sabían realizar sus operaciones de forma excelente de manera cotidiana, es complejo no reconocer que los puestos de liderazgo tienen su grado de dificultad. Poco a poco, se deben ir delegando responsabilidades que permitan a todos los colaboradores seguir creciendo, para que, en dado caso de requerirse, la organización siga funcionando de forma cotidiana.

Muchas veces, aunque existan las certificaciones ISO 9001:2015 que aseguran que las empresas tienen formalizados sus procesos y procedimientos, es importante permearlos y hacer que todo el equipo y la organización sean parte de ellos y de la cultura de la empresa.

Es de sabios... reinventarse

La importancia de la sucesión no radica en pensar que otras personas nos puedan hacer competencia o que estén en búsqueda de quitarnos nuestro lugar. Está claro que habrá una mayor competencia; por eso, siempre debemos mantenernos lo más actualizados posible. Sin embargo, es importante también enseñar y, sobre todo, generar una atmósfera de confianza que le permita a todos desarrollarse de la forma más sana, sin comprometer las operaciones diarias de una organización.

Cuando estaba en el tercer semestre de la universidad, me preocupaba por el equipo de fútbol. Había asumido el rol de líder, siendo uno de los capitanes, ya que el entrenador había hecho una limpieza y había quitado a la mayoría de los jugadores profesionales que no se encontraban comprometidos con el equipo, que faltaban por cualquier razón y solo se presentaban a los partidos. Así que decidió prescindir de ellos, dejándonos a unos pocos.

Llamó al equipo mayor a muchos de los jugadores de preparatoria, que, aunque eran mucho más jóvenes, tenían todo el compromiso. No faltaban a sus entrenamientos; de hecho, el equipo de la universidad tenía que entrenar con ellos, por lo que debíamos acomodar nuestros horarios y acoplarnos. Al principio fue complicado, ya que los pocos de la universidad hacíamos un mayor esfuerzo por cubrir parte de la inexperiencia de los de preparatoria, quienes, a pesar de su talento, aún tenían mucho camino por delante.

El entrenador, de forma inteligente, también administraba todo el equipo para que pudieran dar su mejor y máximo rendimiento. Realizaba las rotaciones necesarias y alineaba a los jugadores que él creía que darían lo que el equipo necesitaba en cada juego. Así como practicábamos durante la semana lo que planteábamos para poder ganar cada partido.

De hecho, en su torneo local, los de preparatoria iban ganando de forma contundente a su nivel, mostrando mucha confianza, a pesar de los notables nervios que presentaban al jugar en un nivel más alto. Sin embargo, comenzaron a dominar y a acostumbrarse a esos niveles. Sabíamos que no se trataba de sus habilidades o capacidades; éramos conscientes de que eran buenos, pero también entendimos que estar a cargo o tener responsabilidades requiere cierta práctica que ayuda a lidiar con los nervios y las presiones.

Durante mi cuarto semestre, sufrí un accidente que me fracturó todo el lado derecho. Me encontraba casi inmóvil y sabía que la temporada había terminado. Mi preocupación aumentaba, ya que, tras mi ausencia, los partidos de la temporada comenzaron a perderse. Afortunadamente, a pesar de esa baja en el rendimiento, se tuvo la oportunidad de calificar a la fase de eliminación directa, la recta final del torneo.

Los alumnos y el equipo de preparatoria también estaban jugando las finales de su nivel, ganando fácilmente todos los torneos, con marcadores abultados y contundentes que les dieron mucha más confianza de la que ya tenían.

Cuando llegaron los partidos de semifinal y final de la universidad, era como si estuvieran jugando con equipos de su misma categoría. Esos dos partidos los jugaron con tal experiencia y solvencia que hicieron ver a los dos equipos universitarios más fuertes como principiantes. Observé cómo el fruto del esfuerzo de ellos, del entrenador, la paciencia, la constancia y la preparación funcionaron para que alcanzáramos un objetivo.

Me dio mucho gusto saber que, en los años posteriores, conforme iban ingresando nuevos miembros, los integraron a la misma dinámica y pudieron mantener ese estatus, que los llevó a ganar durante la estancia del entrenador.

Mientras tanto, yo me había cambiado de campus y tenía que adaptarme a mis nuevos compañeros, al estilo de juego y a las nuevas condiciones que se me presentaban, añadiendo también mi recuperación.

Llegué desde la pretemporada dispuesto a trabajar y dar mi máximo esfuerzo. Ahí me di cuenta de que ya no podía hacer lo mismo que antes realizaba con facilidad, y eso era frustrante; llegué a deprimirme. El entrenador sabía que podía dar más y observaba la idea que tenía de juego. No me cambió la posición, pero modificó mis tareas.

Se dio cuenta de que, durante mi rehabilitación, estuve en el gimnasio haciendo ejercicios que me permitieron fortalecer mi clavícula, que había sufrido daños significativos. Había desarrollado músculo, lo que me permitía aguantar un poco más el juego físico. Correr como lo hacía antes se convirtió en algo muy complicado, y terminaba perdiendo la mayoría de los duelos. Así que, al analizarme, me cambió las responsabilidades y funcionaría de otra forma en el planteamiento.

Jugaba más para mis compañeros, como si fuera un poste. Aguantaba más el balón y jugaba para ellos, luego encontraba la posición. Ya no tenía que correr como lo hacía antes, regatear o enfrentar al adversario. Aprendí a sobrellevar los choques y la carga.

> *"Yo no entreno jugadores de futbol, yo entreno equipos de futbol".*
>
> **Mourihno**
>
> *El Manual de Entrenador, 2022*

Igualmente, en una organización, todos tenemos habilidades y capacidades que nos pueden ayudar y nos harán destacar. Lo importante es ver cómo estas habilidades adquiridas o aprendidas pueden aportar a la dinámica de todo el equipo.

Creo que no importa la forma en que tengamos las habilidades, sino el uso que les damos a todas nuestras capacidades, en dónde las enfocamos y ponemos en servicio. Durante las labores del día a día, las personas se encuentran experimentando y aprendiendo, lo que permite desarrollar habilidades profesionales y de liderazgo también, creando para ellos y para las personas a su alrededor.

Es complicado estar preparados para todos los escenarios posibles, pero sí podemos ir mitigando y minimizando todos los riesgos, teniendo a todos listos y preparados para asumir responsabilidades.

Unos años más tarde, ya dentro del mercado laboral formalmente, en mi primera experiencia dentro de la construcción, ya como encargado, tuve la fortuna de ser contratado por una de las constructoras más importantes del país en cuanto a construcción industrial se refiere, con grandes clientes y empresas de renombre en sus respectivos sectores. A pesar de tener la mejor disposición para aprender y de sentirme preparado para el reto, llegué a cometer diversos errores. No fueron de repercusiones graves, sin embargo, me llevaron a procurar tener un mayor cuidado, enfocarme más en las tareas y, al mismo tiempo, aprender mientras ejecutaba actividades. Esto último debió ser más complicado de lo que llegó a ser, todo gracias a que la empresa se encontraba estructurada de tal forma que las personas de nuevo ingreso pudiesen enfrentar cualquier situación adversa.

Debo mencionar también que había una formalidad dentro de todos los procesos; se habían estudiado cada uno de los procesos constructivos, parametrizados y documentados, permitiendo que cualquier persona de nuevo ingreso pudiera estudiar y aprender de ellos. Así mismo, las hojas de checklist permitían tener un juicio e irlo desarrollando, haciendo que no se viera mi falta de experiencia en esta rama. Los clientes esperaban ciertos resultados, y estaba viendo precisamente lo que los reportes esperaban también, lo que me permitió ir tomando más confianza y desarrollar de forma sistemática la experiencia requerida. Debo mencionar que, para no tener experiencia en el ramo, durante esas obras parecía que contaba ya con unos cuantos años trabajando de esa forma.

Al mismo tiempo, muchas veces los clientes me llegaron a guiar, tal vez no de la forma tradicional como una enseñanza, pero sí me decían lo que esperaban de la empresa por haber trabajado previamente con ella. La constructora ya se había hecho de una reputación, y había que mantenerla.

La cordialidad, ante todo

Ver a una persona que es afectuosa, pero sobre todo que tiene buena disposición, siempre generará un ambiente calmado para todos los colaboradores que lo rodean.

Estas personas, pero sobre todo los líderes, no pueden perder de vista esto.

"En el pedir, está el dar", me decían mis abuelitas toda la vida. No podemos esperar a que todas las personas nos soliciten de una manera afectuosa o bonita alguna tarea. Tampoco es un deber hacerlo. Todos al final somos profesionales y debemos cumplir nuestras obligaciones de esta forma, como se nos contrató o quedó pactado.

Sin embargo, también, como líderes de un equipo, debemos saber pedir las cosas de la mejor forma posible. Cuidar la manera en que nos comunicamos o el mensaje que se vaya a dar, para que sea efectivo. La manera de comunicarse es vital para todo ser humano, y aunque parece ser de las ciencias más sencillas, debido al día a día y a que es algo básico, la realidad es que no todas las personas saben hacerlo de la manera más adecuada. Sobre todo, en un entorno laboral, donde, al convertirse en una figura de autoridad, se debe respetar una cierta jerarquía o posición.

Esta misma jerarquía y posición pueden verse alzadas o perjudicadas por esta sencilla razón. Una comunicación asertiva y efectiva nos dará una mayor seguridad, pero sobre todo un mayor poder sobre nuestro entorno. Saber comunicar algo, desde el tono, la postura o el mensaje, es casi tan importante como la parte técnica para poder adquirir la atención de los receptores.

¿Cuántas veces no hemos escuchado que en los diferentes hogares llega a haber maltrato familiar por el simple hecho de que en el trabajo las cosas no resultan como querían? ¿Cuál es la forma en que las personas dejan salir todo este cúmulo de emociones? Pero, sobre todo, ¿cómo llegan a transmitirlas con sus equipos?

El mensaje dentro de la comunicación efectiva debe ser claro, coherente y preciso, mientras que la persona debe proyectar honestidad, confianza y respeto.

> La comunicación efectiva es el proceso mediante el cual las personas pueden intercambiar mensajes o información, expresándose de manera clara y concisa.

En el lapso en que me encontraba buscando empleo, casi como recién graduado, tuve la oportunidad de colaborar durante unos tres meses en una empresa PyME en un área que, a pesar de no ser de mi interés, me ayudaría a involucrarme un poco más y conocer mejor mi carrera.

Todos los ingenieros del área, por lo general mayores que yo, se encontraban trabajando con un humor poco amigable. Siempre había un ambiente de tensión y, para ser exactos, de mucha presión. No sabía los motivos; el área era muy pequeña. Por lo general, nos encontrábamos cinco personas en las oficinas, otras tres en el área administrativa y unos pocos más en el campo.

Cada mañana intentaba llegar con la mejor actitud, y poco a poco las personas en la oficina se iban contagiando un poco más de esto. El trabajo no era complicado; de hecho, por eso mismo, comenzaron a mostrarse un poco más relajados y menos estresados. Me gusta ver a las personas que, incluso cuando el trabajo es complejo, no lo reflejan. Mantener la calma y poder transmitirlo es vital para el entorno: no caer en la desesperación y siempre buscar una posible solución.

Una de las prácticas que procuro es hacer las cosas más simples, intentando evitar la mayor cantidad de variables posibles. La simplicidad siempre brindará un mayor entendimiento y claridad de los problemas, ofreciendo así más y mejores soluciones.

Durante una licitación, mientras nos encontrábamos realizando todo el papeleo y el desarrollo de ingeniería, se me encargó hacer los números generadores. Me pasaron toda una base de datos con las medidas de los elementos. La hoja de cálculo en Excel era enorme, por lo que decidí hacerla más pequeña.

Me puse a analizar las variables que tenía y pude formular y ligar los cálculos necesarios. A mí siempre me han gustado los números, así que me entretuve un par de horas. Después de un tiempo, hice los dibujos y mostré de dónde se obtenía cada variable. Luego de obtener todos los cálculos, me dediqué a dejar el documento lo más claro posible.

A la mañana siguiente, llegó el ingeniero José muy molesto y gritando por todas partes. De mal humor, fue la primera y única ocasión en que lo vi así, afortunadamente. De inmediato, y frente a todo el departamento de ingeniería, se dispuso a mofarse del documento y del trabajo que había hecho, asegurando que todo estaba mal hecho y que se encontraba muy preocupado por mi formación en matemáticas e ingeniería. Dijo que era evidente que me hacía falta aprender álgebra y geometría básica, y que, por lo tanto, revisara el trabajo realizado.

Todo el mundo se había quedado callado. Mi respuesta al respecto fue que lo revisaría. No quería hacer un escándalo, ya que sabía que para mí era un trabajo temporal.

> *"Nunca destruyes a nadie en público, si puedes tener el mismo resultado en privado".*
>
> ***Harvey Specter, 2014***
>
> Suits (2011-2019)

Me puse a revisar mis cálculos un poco más detenidamente y no había encontrado los errores que me habían comentado. Así que, sin miedo, me dispuse a ir a la oficina del Ingeniero José y le comenté que no había encontrado el error, pidiéndole que me hiciera el favor de señalarlo. Me dijo que me saliera y que él me hablaría para platicar al respecto.

Unos minutos más tarde, regresó justo a mi lugar de trabajo, donde todos estaban presentes. Llegando de forma muy prepotente, me señaló y nuevamente me dijo que estaba mal todo, y que no era posible no encontrar un evidente error. Se acercó al pizarrón y comenzó a escribir la fórmula básica, la cual se encontraba simplificada y analizada en la hoja de cálculo. Describió todas las variables que había tomado en cuenta, a lo que yo respondía cuando me preguntaba si había considerado eso, algo que él no veía reflejado.

Al terminar su discurso, me levanté del asiento, le pedí el plumón y le pregunté si me permitía explicarlo. Comencé a escribir en el pizarrón la misma fórmula que él había utilizado, pero la había parametrizado dentro de los estándares y las condiciones que el trabajo requería. La hoja de cálculo estaba programada para solucionar las ecuaciones de esa forma. Poco a poco, conforme yo le preguntaba y él asentaba las respuestas, la ecuación comenzaba a hacerse más y más pequeña, hasta llegar a verse igual que la que se había introducido en la hoja de cálculo.

Efectivamente, el Ingeniero José era una persona mayor, unas cuantas generaciones incluso más grandes que mis padres. Se sintió mal por todo lo que había dicho. A mí no me sorprendía; él solo quería ver las cosas tal cual las había pensado. Cuando intenté hacerlo más sencillo, la juventud y frescura pueden ayudar a simplificar las tareas en ocasiones, pero para lograrlo se debe combinar con la experiencia.

Sin embargo, su actitud frente a todos lo había hecho quedar mal, y poco a poco había ido perdiendo autoridad. Después de ese día, mis compañeros me buscaban para ver la forma más sencilla de hacer las cosas y tomarme más en cuenta, a pesar de que me encontraba al mismo nivel que ellos, y él unos cuantos escalones más alto en la estructura organizacional.

Lo mejor que uno puede hacer es cuestionar, tal vez en privado, primero procurando averiguar cómo lo pensó o la explicación para llegar a ese resultado. No solo se debe llegar con toda la autoridad a exigir y demostrar quién es el jefe, sino aprender a escuchar y confiar un poco en el equipo, sin perder el enfoque de lo que es guiar y liderar para alcanzar los objetivos planteados.

El manejo de la presión y el cascadeo

Uno de los aspectos más importantes que los líderes deben aprender a desarrollar es cómo manejar el estrés y la presión, ya que deben vivir con ella de forma constante. Lo importante es cómo la canalizan de tal forma que no se vean afectados ellos ni sus equipos. Me parece que esta es una de las habilidades más admirables, no solo de una persona o un colaborador, sino de cualquier individuo.

¿Cuántas veces no hemos escuchado en los diferentes hogares que llega a haber incluso maltrato familiar por el simple hecho de que en el trabajo las cosas no resultan como querían? ¿Cuál es la forma en que las personas dejan salir todo este cúmulo de emociones? Pero, sobre todo, ¿cómo llegan a transmitirlas con sus equipos?

> El cascadeo de información es un proceso de comunicación que consiste en la emisión de un mensaje que va permeando toda una organización, de arriba hacia abajo.

Cuando estaba en consultoría, en una de las ocasiones en que tuvimos videollamadas extraordinarias fuera de horario, todos con la cámara encendida, desmañanados y atentos a lo que el director de área iba a comunicar, comenzó con una enorme preocupación, queriendo ser transparente. Sin embargo, algo que realmente no funcionó, o no como él esperaba.

El comunicado era serio y grave, ya que, en ese momento, la consultora se esforzaba por conservar la cuenta y al cliente. Yo lo entendía, así como la necesidad tanto de la consultora como del cliente. Aunque ya estaba a punto de salir hacia una mejor oportunidad, no dejaba de pensar en el ambiente que se estaba generando para los demás.

Procuraban que todos estuviéramos comunicados; buscaban un sentido de urgencia y compromiso por parte de todo el equipo para cuidar al cliente, proteger la cuenta y salvaguardar el trabajo de todos. Si era necesario, debíamos trabajar más horas para cumplir con todos los compromisos, los cuales, desde el inicio, estaban mal planteados. La mala gestión con los clientes y el escaso compromiso de ellos complicaban todo el entorno.

Finalmente, en lugar de lograr un mayor compromiso y responsabilidad por parte de todo el equipo, lo único que consiguieron fue que comenzaran a buscar con mayor urgencia otras oportunidades laborales, lo que facilitó la decisión cuando las ofertas comenzaron a llegarles. No solo se trataba de lo económico, sino de la seguridad que representaba contar con un ingreso para ellos y sus familias. A pesar de las condiciones tan cambiantes en las que se encontraban todos, algunos contrataron personas que los ayudaran a colocarse en otras organizaciones, para que su búsqueda fuera más rápida.

Al comenzar a salir todos de la organización, aunque la consultora contrató nuevo personal bajo las nuevas condiciones que habían cambiado, este también se marchaba un par de meses después al ver el entorno de incertidumbre que había.

Al mismo tiempo, el cliente notaba la rotación que comenzaba a haber con el personal de la consultora. De esta forma, poco a poco comenzó a quitarle responsabilidades y a delegar en otra empresa muchos de los procesos para los cuales estaban contratados y pactados.

Cualitativo vs. Cuantitativo

Las personas valen por la calidad de su trabajo o por la cantidad de trabajo que pueden realizar. Cuando hacemos estos análisis, por lo general, procuramos promediar estos aspectos para obtener un número que nos permita tomar una decisión adecuada y que se acomode lo mejor posible a la organización.

Consideramos el tamaño de la organización como un parámetro para saber si es una pequeña, mediana o gran empresa. No olvidamos el factor humano dentro de las organizaciones. La mayor parte del tiempo, preferimos tener una mayor cantidad de personas en lugar de centrarnos en la calidad de su trabajo. Debemos aprender a respetar su esfuerzo y no solo ver a los colaboradores como un número y un estándar de cumplimiento, sino valorar la forma en que hacen las cosas y el valor que agregan a toda la organización y a su entorno.

> El análisis cuantitativo está sujeto a la estadística y la matemática, regido por números y aplicado en muchos entornos financieros. Por otro lado, el análisis cualitativo se utiliza para examinar significados y contextos de contenido diferentes. En muchas ocasiones, este análisis puede caer en la subjetividad.

Durante uno de mis proyectos multinacionales, realizando el levantamiento de las áreas, encontramos diversas formas de lograr ahorros por todas partes. Lo único que hicimos fue un levantamiento en los distintos países, identificamos las mejores prácticas en cada uno de ellos y decidimos comenzar a permearlas, estandarizarlas y hacerlas parte de un procedimiento de manera formal.

No había necesidad de hacer recortes. Sin embargo, una vez que las personas vieron los resultados de automatizar algunos procesos y procedimientos y cómo se iban simplificando las tareas, comenzaron a cooperar y comprometerse más con el proyecto.

Recibimos muchas propuestas de mejora. La cantidad nos emocionaba. Sin embargo, cuando llegamos a presentar muchas de estas, había comentarios que, al final, resultaron en que no se ejecutarían o no se invertiría en esos proyectos. Esto se debía a que muchos de estos procesos y procedimientos no le costaban a la empresa. Disminuían gran parte de la carga laboral, y, de hecho, muchos colaboradores hacían varias horas extra, pero como esas horas no eran pagadas, a la organización no le interesaba invertir en ellas, aunque representaran una notable mejora para todo el entorno.

Posteriormente, comenzaron a solicitar procesos y procedimientos en los cuales pudiésemos hacer recortes o una reestructuración organizacional, donde pudiesen disminuir el personal y lo que representaba el costo de mantener esas actividades. Lo importante era reducir esos costos que no generaban valor a la mínima expresión.

Entiendo la necesidad de hacer las cosas más sencillas y disminuir los costos, pero ¿invertir en realizar operaciones más eficientes que mejoren la productividad de los colaboradores no lo valía? ¿Solo invertir en donde se pudieran hacer recortes era lo correcto?

Una vez que terminamos de plantear todas las mejoras posibles, debíamos comenzar a seleccionar con qué personas nos íbamos a quedar para liderar y ejecutar estos procesos y procedimientos. Habría una notable optimización en todo el personal y en la operación de la organización en general.

Tristemente, aquí todo se reducía a las cantidades: cuánto cobraban los colaboradores y que el proceso fuera lo más económico. No importaba mucho la antigüedad; si eras de los mejor pagados, automáticamente tu puesto se encontraba en riesgo, sin importar lo bien que lo hicieras o que los demás quedaran a deber. Lo único importante era reducir ese gasto a la mínima expresión.

Mis compañeros y yo cuestionábamos estas decisiones a nuestros líderes, pero no éramos escuchados; solo pedían y exigían los resultados conforme habían acordado. Durante la operación, tuvimos la oportunidad de conocer mucho del personal y sabíamos cómo se verían afectados. A pesar de ser conscientes de las repercusiones, también creíamos que se abrirían buenas oportunidades para todos esos buenos colaboradores.

Esto llegó a ser más complicado cuando fue necesario expandirlo a todos los países, se generaría una Oficina de Gestión de Proyectos, y pondrían a competir a personas de los diversos países. Una competencia algo injusta, ya que al final se quedaron con quienes saldrían más económicos, respecto al salario mínimo parametrizado en cada país.

De inmediato, comenzaron a haber muchos despidos, casi de forma masiva, y las operaciones se quedaron en su mínima expresión. ¿Pero cuánto tiempo podrían estar así? Al poco tiempo, comenzaron a buscar de regreso a varios de los colaboradores anteriores. Algunos ya tenían nuevos empleos, por lo que había que entrenar a nuevos o mejorar las habilidades de quienes ya estaban. Otros regresaron bajo mejores condiciones que las que tenían antes de irse, además de haber tenido que gastar en la liquidación. A la empresa le resultó más caro, todo por reducir la capacidad humana a solo números.

Capítulo 6: Innovación

Mi tío Jorge y mi tío Luis emprendieron una purificadora en González. Mi tío Jorge era considerado uno de los mejores alumnos en cualquiera de las instituciones en las que estudió, y efectivamente es una persona muy analítica e inteligente. Estudió en el Tecnológico de Monterrey gracias a una beca de excelencia. En aquel momento, trabajaba para una empresa de consultoría norteamericana y desarrollo de software, donde aprendía sobre una gran variedad de negocios y absorbía diversas ideas.

Estar en un entorno laboral adecuado permite que todos los colaboradores estén en constante desarrollo y crecimiento profesional.

Impulso emprendedor

Durante muchos años, recuerdo haber estudiado el término "emprendimiento", que se relacionaba de inmediato con una persona trabajando desde su celular a la orilla del mar, sin estar atada a un horario laboral, descansando y asistiendo al gimnasio y a eventos sociales y deportivos de manera constante. Sin embargo, ya con algo de experiencia en este ámbito, puedo decir que no hay nada más alejado de la realidad que esto. Una persona que se encuentra emprendiendo puede necesitar más que unas simples vacaciones para operar su empresa. Al contrario, puede estar conviviendo con el medio de forma constante, lidiando con el miedo de que muchas otras personas dependen del éxito de su emprendimiento, la presión, las horas de trabajo y el desvelo, pero, sobre todo, mostrando fortaleza de manera continua.

La mayor parte del tiempo, confundimos el emprendimiento con iniciar una empresa y obtener algún beneficio económico solamente. La realidad es que esto no puede estar más distorsionado. El emprendimiento es un esfuerzo para impulsar un portafolio, programa, proyecto, proceso, crear una empresa o una solución innovadora. Aporta valor a los consumidores de tal forma que se pueda sostener, crecer y escalar, generando ganancias.

La mayoría de los emprendimientos surgen de la búsqueda de un impacto social, así que lo primero que debemos hacer es quitarnos la idea de ganar dinero por ganar dinero y comenzar a enfocarnos en solucionar problemas que aquejan a nuestro entorno para hacer crecer nuestro negocio.

Mi tío también estaba constantemente buscando oportunidades de negocio y generando empleos, y así nació "G&B Stores", donde los clientes se comunicaban a la oficina, se levantaba el pedido y se surtía lo solicitado desde las tiendas. Era una idea innovadora para entonces, que actualmente diversas empresas han implementado. Hoy en día, veo cómo empresas del estilo de "World Fork", "Uber" o las mismas de autoservicio han querido implementar su modelo de negocios y estrategia.

> *"La gente que está lo suficientemente loca para pensar que pueden cambiar el mundo es la gente que lo consigue".*
>
> **Steve Jobs**
>
> Cofundador Apple Inc.

En las operaciones diarias de "G&B Stores" también había varias personas contratadas; mi tío había generado empleo para varios de los hermanos de su esposa y para dos de sus hermanas. Su esposa se encargaba del negocio mientras él estaba ausente, principalmente debido a su trabajo, en el que viajaba constantemente. Era increíble; siempre veíamos sus fotos y escuchábamos las historias de su trabajo, las cuales disfrutábamos mucho. Él siempre nos contaba todos los puntos de vista, y tengo gratos recuerdos y muchas risas en mi memoria de sus relatos. Indirectamente, todos los involucrados estábamos en un proceso de aprendizaje con él.

Recuerdo las charlas con mi tío, quien siempre nos recalcaba la importancia de la preparación y el estudio, y de aprovechar cada oportunidad para aprender, como él lo hacía en cada lugar donde trabajaba, en cada país, y cómo eso lo hacía crecer. No se debe dejar de lado la educación para tener las herramientas necesarias y continuar generando las condiciones correctas, sin perder los valores bien cimentados que la familia se encarga de forjar.

Mientras captaba toda nuestra atención, yo tenía mucha curiosidad acerca de su entorno laboral. Recuerdo que en las tardes me ponía a investigar sobre su trabajo y las tendencias en el país donde se encontraba la empresa para la que trabajaba. Precisamente encontré diversas empresas que me llamaban la atención, su cultura o qué las hacía diferentes.

Emprendí para experimentar

He escuchado muchas historias acerca de cómo la necesidad llevó a las personas a emprender, buscando una solución a un problema social. Al mismo tiempo, la necesidad que tenían y la pasión se convirtieron en un negocio de clase mundial, entre otras cosas.

El proceso de emprendimiento no siempre es el mismo para todos, sobre todo cuando los recursos son limitados. He podido experimentar cómo varios emprendimientos inician y, con el tiempo, terminan. Es muy complicado pensar en realizar una apuesta fuerte que prácticamente depende de tu vida y de varias personas más. Esta incertidumbre puede ser muy perjudicial para cualquier persona. Entiendo también que muchas veces ese miedo puede llevarte a dar más, a salir adelante y a siempre buscar la manera de que las cosas salgan bien.

Siempre he pensado que es una gran ventaja el apoyo que me dieron mis padres, ya sea mucho o poco. Estoy agradecido, así como por permitirme experimentar a través de sus ojos y experiencias. Sin embargo, hubo una etapa en la que pensé solamente en aprender por mi cuenta. Probablemente no tenía la necesidad de sobrevivir; mis padres proporcionaban techo y comida, así que solo tenía que cubrir las necesidades que cualquier adolescente quisiera tener, como salir con mis amigos y darme algunos lujos. Pero puedo decir que eso también me permitió aprender.

> *"No lo voy a negar, claro que pienso en el dinero, pero el crecimiento es algo mucho más estratégico que un fajo de billetes".*
>
> **Mark Zuckerberg**
>
> *Fundador, presidente y director de META.*

Estaba a punto de entrar en mis últimas vacaciones de verano en la preparatoria; tenía 17 años. Por necesidad de obtener un ingreso extra, le pedí a mi padre que me prestara el local donde tenía la tienda de materiales. En ese momento, mi padre no lo estaba rentando ni utilizando, por lo que me lo prestó con la intención de incentivarme a aprender más acerca de los negocios.

Abrí un lavado de autos y llevé algunos materiales de la casa, como mangueras y cubetas, para apoyarme. Posteriormente, compré algunas cosas más y contraté a un joven que vivía cerca y también buscaba un ingreso. Durante esos días, recibí la noticia de que, gracias a un concurso de matemáticas en el que había participado y alcanzado los niveles nacionales, me otorgaban una beca con un incentivo económico. Utilicé ese dinero para comprar una pistola de agua y cubetas de pintura para mejorar el local. También compré un par de recompensas por mi esfuerzo en aquel entonces; recuerdo unos tenis de fútbol y un reloj para mi hermana. El negocio duró aproximadamente tres meses, hasta que volví a la escuela. Para mí, era una fuente de conocimiento e ingresos extra, así como para el joven que había contratado. Además, mi padre ya había encontrado a alguien para rentar el local, y sabía que tenía un tiempo limitado.

Lo importante era dejar el local en óptimas condiciones, obtener alguna ganancia económica, mantenerme ocupado y, al final, también adquirí de forma indirecta conocimiento sobre cuestiones administrativas.

Probablemente para muchos aquí no realicé ninguna innovación, pero aprendí que, para que una persona pueda animarse a realizar una actividad, ya sea emprender o innovar, era necesario generar un ambiente que lo permitiera.

Algo que llegó a ocurrir fue que me di cuenta de que, en aquel momento, muchos de los taxis de la ciudad se encontraban sucios casi todo el tiempo o tenían un aspecto algo descuidado. Fue por eso que, durante los últimos dos meses de operación, pusimos un precio especial para los taxis, ofreciendo un lavado exprés y básico. Obteníamos poca ganancia; sin embargo, el flujo era alto. Teníamos taxis que regresaban cada dos días. Esto me permitió obtener una mayor ganancia por volumen y no por unidad. El atractivo era poder resolver un problema general y monetizarlo a través del beneficio que ellos obtenían de una actividad tan sencilla como mantener su unidad limpia, sin que ello los desviara de su actividad rutinaria.

Optimización y Mejora de Procesos

En las diversas estrategias que la mayoría de las empresas tienen en todo el mundo, se encuentra la optimización y mejora de procesos. Esta consiste en mejorar día a día las operaciones de la empresa, buscando hacer más eficientes actividades que parecen cotidianas.

> *"No basta con hacer lo mejor que puedas; debes saber qué hacer y luego hacer lo mejor que puedas."*
>
> ***William Edwards Deming***
>
> Considerado Padre de la Calidad Total

Si hay algo que he aprendido es que no hay empresa perfecta, pero sí perfectible, dependiendo del valor que tenga para nosotros. Existen infinidad de técnicas que pueden afectar desde los niveles operativos y tácticos hasta los estratégicos.

Las operaciones son las actividades diarias de las empresas; todas y cada una de ellas incluyen tareas de manufactura y fabricación, así como actividades administrativas y de toma de decisiones. Es importante considerar el impacto de cada una de estas, ya que todas representan posibles ahorros y áreas de oportunidad.

El correcto levantamiento de estas actividades nos dará una visión de las posibles mejoras dentro del proceso, y cada una de estas mejoras puede representar potenciales ahorros en las operaciones. El siguiente paso es, claramente, darles un valor a estas mejoras. Encontrar optimizaciones en el tiempo, recursos como los materiales o aspectos económicos puede representar grandes oportunidades.

> El análisis FODA examina a la empresa a través de sus factores internos, como las fortalezas y debilidades, y su entorno, que incluye factores externos como oportunidades y amenazas.

En ocasiones, las mejoras se encuentran en las fortalezas de estas empresas. Por lo general, los puestos estratégicos de las organizaciones se enfocan en abordar las oportunidades, amenazas y debilidades de las empresas, tratando de mitigar o compensar las ventajas que la competencia puede tener en el mercado.

> Cuando estamos tan acostumbrados a realizar un proceso o procedimiento de la misma forma, de manera tan cotidiana y fácil, también estamos perdiendo de vista todas las oportunidades y riesgos que estas actividades pueden presentar. Esto se conoce como "ceguera de taller".

Una vez que comencé mi vida laboral, a los 22 años, se me presentó la oportunidad de colaborar y trabajar en una consultora de talla internacional, involucrándome en diversos proyectos y empresas. Seré honesto: estaba emocionado, no solo por la empresa, sino porque pensaba que estaría casi en las mismas condiciones en las que mi tío Jorge estuvo cuando trabajaba en esa rama. Me imaginaba también con las mismas historias y visitando diversos países.

Aún recuerdo la emoción que sentía cuando me dijeron que mi primer proyecto sería en la ciudad de Asunción, Paraguay. Para mí, era un país nuevo; llevaba ya unos años pensando en visitar Sudamérica, de donde eran varios de mis compañeros. Entonces, para mí, era el momento casi perfecto para aceptar este nuevo reto.

Me habían llamado para revisar una empresa dedicada a la construcción, que contaba con un interesante sistema de financiamiento. Esta había sido fundada por una familia muy influyente en la sociedad. Al ser nuevo el sistema de financiamiento, ideado por el reciente director de operaciones, la empresa había contratado a la consultora para desafiar su idea, cuestionarse y, precisamente, remover la posible ceguera de taller que él tenía.

> *"Para que conste, conocer gente nueva podría matarnos"*
>
> ***Sheldon Cooper***
>
> *The Big Bang Theory (2007-2019)*

Debo mencionar que me impresionó el crecimiento que la empresa había tenido en los últimos años; cualquiera debería sentirse realmente orgulloso de eso. Tenían un buen ambiente laboral, y todo funcionaba de manera armoniosa y casi sincronizada. Efectivamente, era un buen desafío para mí y para mis compañeros, quienes también estaban ingresando a la empresa.

> Estrategias para dar respuestas y gestionar riesgo según el Project Management Institute (PMI) y la norma ISO 31000:2018:
>
> 1.- Evitar o eliminar: Para aquellos riesgos con una alta probabilidad de ocurrencia, pero también con un impacto negativo importante.
>
> 2.-Reducir o mitigar: Cuando no se puede eliminar el riesgo, o resulta más costoso que las consecuencias negativas de materializarse.
>
> 3.- Transferir o compartir: cuando no se cuenta con las herramientas, así que se decide transferir el problema con algún proveedor, o contratar algún seguro.
>
> 4.- Aceptar: cuando no hay otra opción.

Los directores de la empresa estaban seguros de que su sistema era muy bueno, por lo que buscaban reforzar algunas áreas de la organización. Realizamos levantamientos en varias de las áreas administrativas, contabilidad y ventas. Yo decidí enfocarme en el corazón de la empresa: la construcción. En esa área, encontré importantes ahorros y oportunidades de mejora en la calidad. Identifiqué puntos de inspección que, aunque estaban estandarizados, no eran correctos. Además, había no solo desperdicios, sino también reprocesos. En el área de construcción, a menudo se presentaban este tipo de improvisaciones, las cuales deberían eliminarse como parte de las buenas prácticas al final de cuentas.

Sin embargo, esto me llevó a identificar el verdadero centro del proyecto, donde había una mayor área de oportunidad. No eran las debilidades que los directivos pensaban tener, que se concentraban en la construcción, donde todo se subcontrataba con la intención de transferir el riesgo.

Los directores, al reconocer sus puntos débiles, tenían en cuenta las posibles estrategias para dar respuesta. Sin embargo, su mayor orgullo residía en su fortaleza: el sistema de financiamiento.

> *"No importa lo bueno que seas, siempre puedes mejorar"*
>
> ***Tiger Woods***

Aproximadamente el 90% de la propuesta y el proyecto se basaron en sus fortalezas, mientras que solo un 10% se centró en los puntos que ellos consideraban como debilidades y amenazas. Sin embargo, la ceguera de taller no les había permitido apreciar o reflexionar sobre ello.

La velocidad de construcción que mantenían era similar a la de sus inicios, cuando atendían a 150 clientes. Con el paso de los años y el éxito que habían logrado, su número de clientes había aumentado a más de 3,500 en poco tiempo. Por lo tanto, debían cambiar su estrategia, fortalecer y apoyar otras áreas, no solo en ventas, y acelerar negociaciones con proveedores que les permitieran satisfacer su necesidad actual. La diferencia entre la atención que ofrecían y la que debían proporcionar era abismal. Esto no era un problema inmediato, pero se convertiría en un desafío si no comenzaban a dar respuestas desde ese momento. De no hacerlo, habrían comenzado a hipotecar su reputación, ya que al final no cumplirían con los clientes en tiempos y formas adecuados.

Pensamiento de Diseño

Empatizar con las personas puede ser una de las cuestiones más complejas en las relaciones humanas. Es difícil afirmar que hemos comprendido todo lo que otra persona está pasando, ya que el contexto que tenemos de ella puede basarse en nuestra percepción o en lo que sabemos, pero no tenemos idea de sus costumbres, su forma de pensar, sus experiencias pasadas, entre otras cosas.

Comprender las emociones y sentimientos de una persona depende de muchos factores y vivencias a lo largo de su vida. Lo más importante que debe desarrollar una persona es la escucha activa, ponerse en el lugar del otro y comprender sus necesidades.

Regular nuestro comportamiento y expresiones es parte del esfuerzo por comprender los sentimientos y emociones de los demás, teniendo en cuenta cómo nuestras acciones pueden afectar a los otros.

Una persona empática debe procurar no juzgar; de esta manera, será más fácil entender la situación desde el punto de vista del emisor y, finalmente, respetar las ideas de la otra persona, aceptando que son diferentes.

Esto puede englobarse como parte de una ciencia comunicativa, ya que, al tener todo esto en cuenta, debemos cuidar tanto el mensaje que transmitimos como las acciones que realizamos. Una persona empática se caracteriza por mantener actitudes de comprensión y solidaridad cuando otra atraviesa momentos difíciles.

Esto es de vital importancia para el proceso de innovación, ya que, para poder innovar, se necesita un pensamiento empático: la capacidad de ponerse en el lugar de los demás y de sus necesidades, diseñar soluciones de acuerdo con el contexto y, posteriormente, obtener un beneficio económico o una satisfacción personal.

Una innovación no se considera tal hasta que no se comercializa, hasta que no se encuentra un valor para la sociedad o la comunidad. En el momento en que una innovación entra al mercado y mejora de manera significativa algo tradicional, deja de ser una mera invención, que antes no existía, para convertirse en una solución real.

> *"¿Hasta cuándo harás algo de valor con esa mente brillante?"*
>
> ***Tadashi Hamada, 2015***
>
> Big Hero 6, 2015

Cuando me encontraba como estudiante en la consultora para pequeñas y medianas empresas, el proyecto inicial comenzó con el objetivo de obtener la certificación que les permitiría entrar en el clúster de proveedores automotrices. Sin embargo, la mejor parte vendría después.

El proyecto inicial nos ayudó a darnos cuenta de otra oportunidad que se presentaba con la cantidad de devoluciones de ciertos productos. La verdad es que los productos se fabricaban con alta calidad, por lo que decidimos indagar un poco más. La curiosidad nos llevó a descubrir que no solo debíamos estar tranquilos por la excelencia del producto, sino que también teníamos la oportunidad de encontrar una nueva área de negocio.

Al analizar las evidencias enviadas por los clientes acerca del producto y las quejas, nos dimos cuenta de que, en realidad, no sabían cómo darles un buen uso a los productos. Asimismo, al utilizar los productos, los maltrataban o hacían modificaciones que terminaban por desgastarlos de manera acelerada.

Así, encontramos una nueva oportunidad de negocio: estructuramos un nuevo departamento que brindaría capacitación a los clientes, encargándose de enseñarles cómo usar los productos de manera adecuada, lo que, a su vez, les permitiría que duraran mucho más tiempo. Desde el cómodo uso hasta cómo cambiar de posiciones, entre otras cosas.

Al mismo tiempo, en esa misma área, diseñamos un equipo encargado de inspeccionar los equipos con los que contaban los clientes, lo que permitiría diseñar nuevas estrategias de comercialización para la empresa y asegurarse de que el cliente estuviera consciente de su entorno.

Estas nuevas áreas terminaron representando más del 30% de la facturación de la empresa ese año. La demanda por tales servicios provocó un gran crecimiento, lo que llevó a realizar inversiones significativas y a apostar por esas áreas, desde medios de transporte hasta nuevas oficinas, que les permitirían operar de manera sostenible.

Por otro lado, habían resuelto un problema que aquejaba a los clientes, entendiendo que, en ocasiones, no querían gastar en más productos ni generar desperdicios, sino aprovechar al máximo sus equipos. Así, estar conscientes del estado de los equipos permitiría que, cuando se presentara la oportunidad, se pudiesen cambiar de inmediato.

Diseño Lean

El diseño Lean se enfoca en las actividades que agregan valor al cliente y se encarga de eliminar todas aquellas actividades que no generan valor, evitando el despilfarro durante el proceso.

> El mapeo de procesos permite comprender mejor las operaciones de una organización e identificar oportunidades de mejora.

Se realiza un análisis de los pasos a seguir durante todo el proceso, abarcando lo administrativo, operativo, táctico y estratégico. Todo proceso puede ser analizado de manera que sea más eficiente y permita a la organización encontrar ahorros o enfocarse en aquellas actividades que le permitan ser más competitiva.

Existen diversos tipos de desperdicios que pueden pasar desapercibidos, como los desperdicios de tiempo, es decir, el tiempo que tardamos en pasar de un paso a otro del proceso, o el material que permanece parado mientras otros pasos adelante son atendidos.

También es interesante apreciar esto en términos de recursos, especialmente si lo pensamos en el recurso humano, al observar a una persona preparada que no está aprovechando todos sus talentos.

> Los 3 tipos de desperdicios más comunes:
>
> 1.- MURA referente al desequilibrio
>
> 2.- MURI a la sobrecarga
>
> 3.- MUDA que hace alusión al desperdicio.

Es claro que, durante muchos de los procesos, actividades laborales y la operación diaria de las organizaciones, encontramos muchos de estos desperdicios. Con la estrategia adecuada, estos desperdicios pueden minimizarse o reducirse al máximo. Una de las claves para lograr esto es el correcto análisis y levantamiento de las actividades.

Muchas de las actividades que se realizan se pueden automatizar sin necesidad de tener operadores, lo que simplifica el trabajo diario o repetitivo y permite liberar recursos para explotarlos de una mejor manera.

Al mismo tiempo, esto nos permitirá mejorar la calidad del trabajo realizado y que las personas dentro de la organización se sientan más valoradas. Una de las claves para desarrollar buenas estrategias es escuchar a los operadores y a las personas que se encuentran en el piso, realizando las operaciones cotidianamente. Escuchar su forma de pensar y, posteriormente, con una mente fresca y nuevas ideas, proponer algo que les permita optimizar sus actividades y eficientizar sus procesos.

Durante mi estancia en un proyecto en Panamá, encontramos una mejora muy sencilla en uno de los procesos que más aquejaban a la organización. Tenían diversas marcas y tiendas, y estaban a cargo de más de 21 tiendas comerciales de retail en la ciudad.

Por cada una de las tiendas había un encargado, quien tenía la oportunidad de decidir cuándo se requería personal extra. Así, la percepción y experiencia de ellos hacían que este proceso de requerimiento recayera completamente sobre su conocimiento.

A pesar de existir una cierta estandarización por el nivel de marca de cada una de las tiendas, también había que buscar otros parámetros que pudieran ayudar a tomar la mejor decisión posible. La decisión más importante se basaba en la cantidad de ventas que se registraba de manera mensual para, al siguiente mes, contratar personal, aunque fuera de manera temporal.

Estando en la operación de cada una de las tiendas, encontramos que la cantidad de ventas no era el mejor parámetro para tomar esta decisión, sino la cantidad de objetos que se vendían. Esto se debía a que, al ser una tienda de ropa, muchas personas iban a probarse prendas y dejaban todo desordenado, consumiendo el tiempo de muchos de los vendedores y asesores. Esto también provocaba que la tienda siempre luciera desordenada, lo que generaba una falta constante de personal y una sobrecarga en la masa salarial.

Lo más sencillo fue comenzar a parametrizar. Se realizó un estudio muy sencillo y estadístico por temporada, de cuántas personas debían estar contratadas de forma base y cuántas de manera temporal, dependiendo del tamaño en m^2 y su ubicación.

Sin tener que realizar inversión alguna, se encontró la forma de generar un ahorro importante en uno de los procesos que más aquejaban a la organización. Esto también se considera una innovación, ya que se logró un beneficio económico a partir de una idea desarrollada por todo el equipo y los colaboradores de la organización.

Digitalización y automatización

Convertir un proceso que se realiza de forma análoga a digital es interesante, ya que requiere una comprensión total del proceso, de cómo genera valor, sus pasos y de encontrar una lógica. Automatizar, en cambio, es cuando, al encontrar la lógica, se puede parametrizar todo un proceso repetitivo, tomando en cuenta las variables que ingresan al proceso, lo que nos daría la respuesta que estamos buscando.

La digitalización y automatización son las formas más rápidas de encontrar ganancias en un sistema de gestión, ya que comienzan a eliminar la posibilidad de error debido a decisiones humanas, descuidos, entre otras cosas.

> Automatización: Uso de la tecnología para llevar a cabo tareas repetitivas.
>
> Digitalización: Traslado de gestión y explotación de datos a medios digitales.

La sostenibilidad empresarial se enfoca en los beneficios a largo plazo, que pueden no ser tangibles en los primeros años. Sin embargo, con el tiempo, las prácticas de sostenibilidad nos brindan motivos para haberlas implementado a tiempo o una sensación de pena por no haberlo hecho antes. Debemos mencionar esto, ya que en el ámbito de los negocios hay metas a corto, mediano y largo plazo, y aunque a largo plazo la mayoría de estas metas se encuentren alineadas, la realidad es que las de corto plazo también son importantes, especialmente para medir que vamos por el buen camino.

Una forma de apoyar la sostenibilidad empresarial y obtener ganancias a corto plazo es a través de la automatización y digitalización. Estas herramientas permitirán realizar las tareas de manera más simple y eficiente, minimizando el factor humano. Aunque no se puede prescindir completamente del ser humano, sí se puede controlar en la mayor medida posible.

Sin embargo, hay un aspecto que debemos tener en cuenta con cualquiera de estos procesos: el ser humano debe saber qué variables utilizar. Esto sigue siendo importante, ya que, si introducimos incorrectamente los datos y realizamos malos análisis, recibiremos respuestas erróneas. A pesar de los esfuerzos constantes por reducir el factor humano gracias a la inteligencia artificial, la capacidad humana para dirigir, administrar y formar un entorno más sano y sostenible para una organización y su comunidad se vuelve cada vez más relevante.

> *"Nunca uses a un humano para hacer el trabajo de una máquina"*
>
> **Agente Smith, 1999**
>
> Matrix, 1999

Durante el proyecto que estábamos realizando en Panamá, donde parametrizábamos las tiendas, nos vimos en la necesidad de controlar las asistencias y los horarios en los que disponíamos del personal. Esto era muy importante para la toma de decisiones en la organización y permitiría que el proceso que estábamos mejorando funcionara de forma adecuada. Notamos que existían hojas de asistencia en cada una de las tiendas y en el corporativo, y nos preguntamos por qué no se habían digitalizado antes.

Encontramos que muchas veces, debido a la premura de las contrataciones de horas extra y personal temporal, resultaba complicado, ya que de estos datos se calculaban los pagos de nómina. Sin embargo, al tener ya establecidos unos parámetros y tener planificadas tanto las horas extra como el personal temporal, podíamos realizar este proceso de manera mucho más ordenada. Notamos que en las tiendas y en el corporativo había un sistema de marcaje de huella digital, que se utilizaba aproximadamente en un 40%. Las personas casi no lo usaban o solo marcaban entrada y salida, sin registrar cuándo salían a comer o solicitaban permisos. Esta información se registraba en una hoja, lo que generaba problemas en los cálculos de nómina, en las asistencias y en la percepción de las personas en las tiendas físicas. También encontramos el sistema de huella digital escondido detrás de un escritorio, junto a pilas de papel, lo que lo hacía muy difícil de encontrar. Por eso, decidimos limpiar ese lugar, quitar esas mesas donde también se colocaban las listas de asistencia y comenzar a promover la cultura "tu huella, tu pago".

> *"El futuro no está establecido, no hay destino. Solo existe lo que nosotros hacemos"*
>
> **John Connor, 1991**
>
> Terminator 2: El Juicio Final, 1991

De esta forma sencilla, pudimos elevar el porcentaje de marcaje de huella en un 80% en una semana y alcanzar un 100% al mes. Esto ayudó a tener todos los registros en orden, facilitando la toma de decisiones en cada tienda física y evitando la necesidad de retrabajar constantemente los procesos de nómina. Además, eliminó la sobrecarga de trabajo que existía en el área de recursos humanos, relacionada con los procesos de selección y contratación.

Kanban: Administración Simple

Una de las filosofías que más problemas nos ahorrará de forma muy sencilla es dar visibilidad a las operaciones. Muchas personas aprendemos mucho más rápido de manera visual, y esto es importante para una pronta y óptima toma de decisiones.

Al mismo tiempo, debemos procurar que estos procesos sean más simples y menos burocráticos, manteniéndolos lo más actualizados posible. Por ello, es fundamental que hagamos de este un proceso más accesible tanto para los emisores como para los receptores.

> El tablero KanBan es una herramienta de gestión ágil que permite dar visibilidad a todo el proceso de operación, maximizando la eficiencia y limitando el flujo de trabajo.

La importancia de limitar el trabajo es vital, ya que buscamos evitar los cuellos de botella en nuestros procesos, reduciendo los desperdicios tanto de trabajo como de material que no genera valor. La técnica del método Kanban es también una técnica pull, que responde a las solicitudes sin sobrecargar el proceso con material, personal y trabajo en ejecución.

Mientras exploraba diversas áreas de mi licenciatura, comencé a trabajar en una empresa donde me encontré con un tema que pensé que me gustaría mucho, ya que durante la carrera me apasionaba el diseño estructural. Lamentablemente, en el ámbito profesional no fue así, lo cual considero algo positivo. En muchas ocasiones, terminamos la licenciatura y de inmediato nos inscribimos en una maestría, cuando puede que el área de especialización no sea de nuestro agrado en el mundo laboral. Es importante explorar diferentes áreas para tomar una decisión informada sobre nuestra especialización.

Durante mis labores, encontré diversas problemáticas en el seguimiento de la operación y los proyectos. Esto me permitió diseñar y proponer diversas soluciones. Durante mis prácticas y mi carrera profesional, conviví con compañeros de otras licenciaturas y aprendí diversas técnicas. Además, durante mi estancia en la consultoría de PyMEs, conocí algunas otras que podían complementar mi idea.

Optamos por implementar un tablero Kanban; de esta forma, cada vez que los directores y el personal de ventas llegaban a la oficina, sabían en qué parte del proceso se encontraban los proyectos, lo que ayudaba a no sobrecargar el trabajo y permitía a todos ejecutar sus labores con mayor eficiencia. Así, dejaron de saltar de un proyecto a otro, entregando únicamente trabajos terminados.

> *"Conocerse a sí mismo, es el mayor saber"*
>
> ***Galileo Galilei***

Permitió un mejor control de las operaciones y los proyectos, pero, sobre todo, en lo personal me comenzaba a dar un mayor enfoque sobre lo que realmente buscaba hacer en lo profesional. Trabajé para aprender, pero también para descubrirme.

Equivócate, pero equivócate rápido y barato

En el proceso de innovación, es inevitable caer en diversas equivocaciones; sin embargo, también es importante aprender de ellas. Cada error que cometemos nos cuesta, o le cuesta a la organización. Toda organización debe aceptar los errores y promover que las personas puedan equivocarse, generando un entorno de confianza que permita crecer a todos los colaboradores.

Una lección aprendida es un conocimiento adquirido a partir de diversas experiencias, a través del análisis crítico y la reflexión. Debemos agregar que los líderes juegan un papel muy importante, ya que su función es guiar a otras personas para encontrar la respuesta lo antes posible y equivocarse sin perjudicar las operaciones de la organización. Esto nos brindará un gran valor, ya que nos acercará más a la respuesta, y cada día, cada paso y cada error nos ofrecerá una lección aprendida.

También debemos tener en cuenta que hay un proceso de aprendizaje y que los errores deben ocurrir en un ambiente controlado que permita detectar las áreas de oportunidad antes de llegar al cliente final, para así poder entregar el mejor producto posible, con el compromiso de mejorarlo conforme a las necesidades del mercado.

Dentro de los procesos ágiles y Scrum, por ejemplo, encontramos diversas ceremonias. Al final de cada sprint o iteración, se lleva a cabo una retrospectiva, un espacio que permite a todos los colaboradores reflexionar sobre lo que se hizo bien y las dificultades que enfrentaron, brindándoles la oportunidad de aprender y mejorar de forma estandarizada.

> *"¿Por qué nos caemos Bruce? Para aprender a Levantarnos"*
>
> **Thomas Wayne, 2005**
>
> Batman Inicia, 2005

Durante mi primer trabajo como ingeniero ya graduado, recuerdo que mi jefe no se encontraba en la obra. Yo era el encargado, con poco conocimiento técnico más allá de lo que había aprendido de niño al acompañar a mis padres a sus proyectos. Para mí fue algo nuevo, ya que toda mi experiencia laboral se había centrado en mejora continua y administración.

Había varias herramientas de inspección que no sabía utilizar. Estuve solo el primer mes, así que me dispuse a aprender en línea algunas cosas. Durante mis estudios universitarios, había utilizado en alguna ocasión varias de estas herramientas, pero tampoco era un experto; solo tenía una idea general. Recuerdo que en ese momento tampoco me habían proporcionado el equipo necesario, así que pedí prestado equipo de la obra de al lado, donde agradezco la confianza.

Nos encontrábamos en el proceso de excavación; la limpieza del terreno había sido sencilla, y era algo que, con inspección visual, podía verificar si estaba bien y completado. Sin embargo, con la excavación debía localizar los puntos de donde llegaba el terreno y cuán profundo debía llegar.

Mi inexperiencia finalmente me llevó a excavar unos centímetros más en el primer eje; afortunadamente, no fue mucho. Me sentía apenado, pero eso no afectaba a los ingenieros. Esa lección, en un momento temprano de la obra, me enseñó a tener más cuidado con la forma de inspeccionar. Como no quería parecer inexperto, casi no me gustaba preguntar a las personas en la obra, algo que fui corrigiendo y aprendiendo. Mi disposición aumentó, y creo que fue una llamada de atención oportuna que me permitió aprender los demás procesos durante el resto del proyecto y culminar de forma satisfactoria.

Aprender a vivir y educar a la IA

Es importante aprender a vivir en un mundo con inteligencia artificial; al final de cuentas, son ventas y recursos de los que también debemos sacar provecho. La inteligencia artificial, al igual que los seres humanos, se encuentra en un constante aprendizaje y crecimiento. La máquina no nos da algo que no hayamos pedido; sirve para estudiar el comportamiento humano y, a su vez, nos brinda respuestas y opciones al respecto, como cuando escuchamos un anuncio relacionado con nuestro celular. Esto es importante, ya que estamos dándole información al medio ambiente acerca de nuestras necesidades.

Esto puede ser beneficioso, ya que muchas organizaciones toman esto en cuenta para realizar ofertas o mejorar productos. En sí, también estamos en una constante simbiosis. Por eso, es fundamental que nuestras acciones y comportamientos estén encaminados a cuidar nuestro entorno y generar valor a la sociedad.

Debemos educar también a la inteligencia artificial con nuestro comportamiento y ejemplo, de tal forma que el material que nos presente sea de valor para nosotros y permita que podamos crecer, aprendiendo unos de otros.

La tecnología presenta un comportamiento similar al de la ley de oferta y demanda. A medida que avanza, el costo disminuye, lo que permite eficientizar operaciones y convierte a la tecnología en un recurso imprescindible.

> La ley de oferta y demanda explica la relación entre la demanda, la cantidad ofrecida y su precio en el mercado.

Recordamos un tiempo en que tener una computadora en casa era algo impensable. Sin embargo, con el avance tecnológico y la aparición de nuevas necesidades, como estar comunicado al instante, poco a poco se convirtió en una realidad. Tanto es así que actualmente no podemos estar en ningún lugar sin la presencia de un aparato electrónico que nos permita mantener contacto con el mundo.

A medida que la demanda y la necesidad crecen, encontraremos una variedad de productos que incrementarán también la competitividad. Este tipo de avances también se dará en el mercado automotriz, por ejemplo, donde cada vez hay más autos eléctricos e incluso inteligentes, entre otros ejemplos.

Capítulo 7: Ambiental

Aprender a vivir de la naturaleza

Existen diversos tipos de recursos naturales que sirven para cubrir las necesidades biológicas del ser humano. Ayudan en la satisfacción de necesidades sociales, así como económicas. Al mismo tiempo, hay recursos que se han vuelto limitados o finitos. La sobreexplotación nos ha llevado a considerar el uso de estos recursos de tal manera que puedan continuar existiendo.

Debemos encontrar el equilibrio que permita continuar satisfaciendo nuestras necesidades y, a su vez, que estos recursos se regeneren. Su importancia en el entorno económico es irrefutable; muchas de las actividades que actualmente se llevan a cabo y que permiten que la economía siga creciendo dependen de estos recursos.

Es por eso que debemos buscar alternativas que nos permitan seguir disfrutando de las bondades de la naturaleza, tanto de los entornos naturales como de los recursos que nos brindan para nuestro confort.

Es interesante cómo funciona el medio ambiente: prácticamente se regenera solo si lo dejamos ser y lo cuidamos, sin mucha intervención del ser humano. Este debe regular sus actividades de tal forma que permita a la naturaleza continuar con su labor, ya que, por sí sola, realiza las tareas necesarias. Las ciencias naturales, la biología, la botánica y la zoología trabajan en simbiosis, de modo que la intervención del ser humano es prácticamente para obtener beneficios de ella.

La naturaleza solo nos pide que midamos nuestro crecimiento y que le brindemos el tiempo necesario para la ejecución de sus actividades. Es importante saber ofrecerle su espacio y su tiempo, permitiéndole recuperarse de los daños causados. Así como las personas, que también requerimos tiempo y espacio después de grandes desgastes, ya sean emocionales o de trabajo, la naturaleza funciona de una manera similar.

Aprendamos a medirnos en nuestras necesidades y a aprovechar al máximo cada recurso que nos brinda. Usemos los recursos la mayor cantidad de veces posible y aprendamos a devolverle a la naturaleza lo que nos presta, mediante acciones como la reforestación y dejando materiales orgánicos que puedan ser absorbidos por el medio ambiente e incentivar su pronta recuperación.

Hay que aprender sobre la naturaleza de los recursos y las propiedades de los mismos, como los recursos renovables y no renovables. Aprender a generar energía eléctrica a partir de actividades naturales es una de las tareas más importantes que el ser humano ha emprendido en las últimas décadas. Se ha puesto a estudiar el movimiento y cómo se generan, para maximizar su uso y satisfacer sus necesidades. Estos recursos son ilimitados, siempre y cuando la naturaleza se encuentre en condiciones óptimas.

Por eso, es importante no desgastar tanto el medio ambiente ni los recursos naturales, para así hacer predecible la disponibilidad de los recursos. Debemos saber cuánta demanda podremos atender.

> La predictibilidad se refiere a la capacidad de la autoridad para brindar información precisa, confiable y veraz, lo que proporciona certeza y apoya la toma de decisiones.

Mi familia se instaló en una ciudad a la orilla del Golfo de México, en Ciudad Madero, Tamaulipas. Y sí, la playa Miramar está en esa ciudad. Es una ciudad rodeada de agua por todas partes, y las actividades económicas más fuertes están relacionadas con este recurso hídrico. Desde el comercio, con su puerto recibiendo y exportando, hasta la pesca. Asimismo, muchos de los municipios aledaños aprovechan para llevar a cabo actividades de agricultura y ganadería. Aunque no ha sido explotada de la mejor forma, también hay turismo.

Es una ciudad con su encanto y sus leyendas; por ejemplo, una de las creencias populares es que está protegida por aliens. Además, cuenta con una gastronomía envidiable. Sin embargo, ¿quién llegaría a pensar que en algún momento sufrirían por el abasto de agua?

Teniendo en cuenta el ciclo del agua, las personas llegamos a pensar que este recurso es ilimitado. Sin embargo, ¿qué sucede cuando sobreexplotamos todos los demás recursos y no permitimos o no damos el tiempo necesario para que la naturaleza pueda actuar?

> *"Soy el ajuste de cuentas de Gotham"*
>
> **Bane, 2012**
>
> *The Dark Knight Rises, 2012*

En su momento, se enfrentaron a dos meses sin agua en las líneas de la ciudad. Las personas buscaban pipas de agua, que se encontraban limitadas, y tenían que ir a otros municipios y estados para conseguirla. No solo fue complicado para el día a día satisfacer las necesidades de los hogares; la operación de diversos locales, como restaurantes, se vio muy afectada. Las personas no podían trabajar de la misma forma ni con la misma eficiencia. Muchos lugares incluso limitaron el acceso a los sanitarios y a las cocinas. La gente buscó la manera de discernir el tipo de agua que utilizarían para cada actividad. Por ejemplo, en casa de mi madre llegaron a usar el agua que se condensaba de los aires acondicionados para el baño, lavar la casa o limpiar los trastes, y surtían de pipa cuando era necesario para poder bañarse, entre otras actividades. Tuvieron que hacer un análisis de lo que realmente era prioridad y necesario, y así fue en muchos hogares y locales durante esos meses.

No mencionemos el insomnio que sufrieron algunos empresarios que viven de la agricultura, con pozos vacíos y viendo que los niveles de los ríos no eran suficientes y comenzaban a secarse. Fue un momento preocupante; sin embargo, cada vez es más común escuchar este tipo de situaciones en diversas ciudades.

Por lo general, el agua es un recurso con el que las personas cuentan; no es algo de lo que se piense que va a faltar. Por eso es importante poder dar predictibilidad a esto, para permitir planear actividades tanto económicas como sociales.

El ser humano, como parte de la solución, está obligado a hacer un mundo mejor para todos los seres vivos. Si bien el ser humano es en parte culpable del deterioro ambiental, también es la solución a este problema.

Mucho de esto depende del estilo de vida que lleva, de que aprenda a medirse, moderarse y, sobre todo, a crecer.

Tenemos la capacidad de generar diversas soluciones a las problemáticas que se han creado, muchas veces por cuestiones de entretenimiento; más que por comodidad, hemos terminado dañando nuestro entorno. Es importante hacer hincapié en los valores de las personas para tomar decisiones que no impacten o repercutan negativamente en el ambiente.

Afectamos a todos los seres vivos que nos rodean. Cuando al ser humano se le brindó la inteligencia, fue para cuidar, no solo para aprovechar los recursos que la naturaleza le ofrece, sino también para mejorar su entorno y proteger la biodiversidad.

> *"La energía es prestada y un día tendrás que devolverla"*
>
> **Neytiri, 2009**
>
> *Avatar, 2009*

Cada fin de año, me encantaba ir a comprar fuegos artificiales. Como niño, el sonido y las luces en el cielo me deslumbraban. Este tipo de prácticas son comunes en muchas celebraciones a lo largo del año. Sin embargo, cuando era chico, mi familia se dio cuenta del daño que esto causaba a las mascotas que teníamos.

Volteaba a ver a los perros de los vecinos y a los de mi familia, observando cómo se alteraban y lo que esto provocaba. Todo esto no era por una necesidad o por buscar comodidad, sino simplemente por el entretenimiento de las personas.

A partir de ahí, toda mi familia dejó de hacer estas actividades de entretenimiento y se aseguró de crear un ambiente seguro. Investigamos y vimos que había diversas opciones para evitar estos problemas y daños a las mascotas. Así que, en un cuarto, en un ambiente cómodo, les poníamos la televisión con sonidos y videos que los aislaban de los ruidos provocados por los fuegos artificiales. Además, constantemente les dábamos una vuelta para verificar que se encontraran bien.

Sembrando oportunidades

Así como el ser humano ha aprendido a explotar los recursos naturales y a mejorar la tecnología, también tiene la oportunidad de implementar mejores estrategias en muchos sectores, formando una cierta simbiosis en estos espacios. Esto permite, de manera natural, la regeneración y la programación del uso de los suelos y recursos disponibles.

En los últimos años, se han realizado avances importantes en la programación de los sistemas de riego y en la distribución de fertilizantes mediante drones. Aprovechar estas tareas, que son ciertamente repetitivas, nos permite automatizarlas en la mayor medida posible, asegurando la sostenibilidad de las tierras y los recursos, así como de los negocios.

> *"La ciencia es un instrumento para hacer posible lo imposible"*
>
> ***J Robert Oppenheimer***
>
> *Físico Teórico, director Proyecto Manhattan*

La sostenibilidad es una gran oportunidad de inversión en la industria agropecuaria, ya que puede ayudar a entender mejor las necesidades de los agricultores, sus tierras y su entorno. Esto implica recolectar información acerca de la demanda y las posibles estrategias, tanto de penetración de mercado como de diversificación, con mayor certeza gracias a la estadística y la sistematización.

Una parte fundamental a juzgar es qué tan bien pueden mantener estos negocios su operatividad y si, en el futuro, podrán contar con los recursos suficientes para continuar con sus actividades cotidianas. Esto es importante y va de la mano con las acciones que podamos tomar al respecto en nuestro estilo de vida.

Es complicado pensar en una inversión, incluso en un mercado relativamente fuerte como la agricultura, si no tenemos la certeza de que habrá un recurso natural suficiente que nos permita operar para alcanzar las metas y objetivos planteados.

Edificando el futuro sostenible

En la industria de la construcción, hay una gran oportunidad gracias a la innovación en los materiales. Cada vez se utilizan menos materiales procesados de la naturaleza, y se busca que sean biodegradables o que no impacten negativamente el medio ambiente.

Asimismo, las personas han comenzado a diseñar de tal manera que no dependan tanto de la generación eléctrica. Por ejemplo, se utilizan una mayor cantidad de ventanales que permiten el paso de luz natural y maximizan el uso de la iluminación del día, reduciendo así la necesidad de encender tantos focos durante el día.

> "El arquitecto del futuro se basará en la imitación de la naturaleza, porque es la forma más racional, duradera y económica de todos los métodos"
>
> **Antonio Gaudí**
>
> Arquitecto Español, Basílica de la Sagrada Familia

O que, arquitectónicamente, los acabados de las casas puedan integrarse con paneles solares de forma que luzcan naturales. Un diseño bioclimático que permita que los hogares sean frescos o cálidos, dependiendo del ambiente y el entorno.

Existen diversas oportunidades, tanto en materiales como en diseño. Actualmente, hay varios estándares de construcción que buscan apoyar e incentivar la construcción "verde".

Muchas instituciones financieras, bancarias y gubernamentales buscan incentivar estas prácticas e incluso penalizar cuando no se respetan. Nos encontramos en un periodo de transición en el que adaptarse brindará una mayor ventaja competitiva y permitirá encontrar soluciones a los posibles problemas que puedan presentarse.

Además, existen diversas certificaciones que buscan cuidar la manera en que diseñamos e incluso suministramos los materiales.

Capítulo 8: El Ajuste de Cuentas

¿Cuántas veces de niños no cometimos una travesura de la cual salimos avante? Sabíamos que estábamos mal y, aun así, lo hacíamos porque pensábamos que no habría una consecuencia grave, a lo sumo algún regaño o llamada de atención. Conforme vamos creciendo y nos hacemos más adultos, adquirimos mayor responsabilidad sobre nuestros actos y sus consecuencias. Al mismo tiempo, estas consecuencias se vuelven cada vez más graves, dependiendo de la acción realizada o de lo que la detone.

Incontables son las veces que nos hemos dado algún gusto momentáneo, olvidando probablemente la dieta, como esas papas o refrescos en el recreo que, si ahora de adultos los consumimos, sentimos los efectos casi de forma inmediata. Faltar un día a nuestras actividades, como ir al gimnasio o jugar al fútbol, ahora nos hace sentir más culpables que antes.

Hay vida en la disciplina

La disciplina se entiende como una forma sistematizada de realizar acciones. Ser constante y hacer las cosas que se deben, no porque se quiera, sino porque es necesario. No todos los días queremos realizar una actividad; no siempre estamos de humor o con las energías necesarias, pero es imprescindible hacerlo. De lo contrario, iremos poco a poco perdiéndola, y comenzará a ganar el sedentarismo y otras costumbres, probablemente.

Al realizar algo de manera tan repetitiva, la realidad es que termina por volverse de nuestro agrado. Es importante también escoger una actividad que nos llame la atención. Probablemente habrá días en los que no queramos hacerlo, por eso es necesario elegir lo que sea de nuestro agrado, no algo impuesto. También es fundamental permear nuestro entorno, como un ejemplo de esta constancia que permita a los demás ver los beneficios que la disciplina puede traer.

> Para desarrollar disciplina y constancia, es necesario establecer metas. Cuanto más nos acerquemos a ellas, más querremos continuar en el camino elegido.

Tanto la constancia como la disciplina son valores que, en el mundo de los negocios, nos permitirán crecer, ya que son la clave del progreso de toda organización. De igual manera, también nos forjan como individuos.

La constancia es la aplicación diaria de una disciplina; nos ayuda a mantener un proceso y a mejorarlo con el paso del tiempo. Además, nos permite mantener un estilo de vida equilibrado, sin descuidar ninguna de nuestras áreas de interés.

Algo que nos ayuda a mantener esta constancia son las personas con las que nos rodeamos. Cuando nos adentramos en una nueva disciplina, también entra en juego la parte social. A veces, desconectarnos por completo de nuestras responsabilidades y obligaciones es un alivio y un respiro que nos permite tener una mayor frescura para enfrentar los retos del día siguiente.

> *"Esperar a que la vida te trate bien por ser buena persona, es como esperar que un tigre no te ataque solo por ser vegetariano"*
>
> **Bruce Lee**
>
> *El "Dragón" de las artes marciales*

Me encontraba en mi primera gran obra después de haberme graduado de la licenciatura, y estábamos en el punto más alto de esta. Era de vital importancia llegar en horarios en los que no hubiera mucho tráfico. Había actividades que requerían estar en el sitio desde temprano, por lo que tenía que salir de casa durante la madrugada.

Mis padres tuvieron la oportunidad de estar unos meses conmigo y visitaron mi trabajo varias veces. Me gustaba verlos en ese papel en el que yo estuve varios años atrás. Era bonito llegar a casa y verlos, saber que había cena y poder convivir con ellos, aunque fuera solo por unos momentos.

Mi madre se quedaba muy preocupada, ya que, durante el lapso en el que teníamos las actividades en su punto máximo, yo salía de casa a las 3 a.m. y regresaba a las 10 de la noche. Apenas cenaba algo y me iba a dormir. Esto se debía a que me levantaba temprano para entrenar en un gimnasio que había encontrado, que abría 24/7. Por disciplina, sabía que debía ir al gimnasio al menos cuatro veces por semana; lo hacía así para seguir viendo resultados. Era un momento muy complicado, sí, pero debía mantener la disciplina que había cultivado durante muchos años y no perder la constancia. Para mí, era importante, ya que había pasado a ser parte de mi día a día. No me gustaba el sentimiento de culpa por no ir o por no poder disfrutar al máximo lo que estaba haciendo, debido a que había fallado en completar una actividad que me había impuesto hacía años: alcanzar una meta.

Sabía que en mi trabajo me esforzaba a diario, así como en mi hogar y en mis estudios. Sin embargo, si quería alcanzar esa otra meta, no podía perder el enfoque y siempre debía encontrar tiempo para cumplir conmigo mismo. Las cosas no se darían solas; debía, por lo tanto, encontrar la manera de hacerlo. Esto me ha permitido desarrollar un estilo de vida que sigo entrenando todos los días. Sin importar la industria, la empresa o mi emprendimiento, debo hacer espacio y tiempo para cuidarme y permitirme sentirme bien conmigo mismo.

En estos momentos es cuando adoptamos esta disciplina como propia. Es fácil hacerlo cuando tenemos todo el tiempo disponible; sin embargo, realmente la hacemos nuestra cuando buscamos la manera de cumplirla a pesar de la adversidad.

En el trabajo, en realidad no se preocupaban si me veían haber ido a entrenar o no; si lo sabían, todo el tiempo me preguntaban sobre los visibles resultados y cómo hacía para mantenerme en forma. A lo que yo siempre respondía: "prioridades". Al final, la disciplina es algo que se disfruta a largo plazo, aunque puede ser pesada en el momento. Pero nunca vi a nadie arrepentirse una vez que cumplía con su objetivo del día.

Es importante procurar hacerse de una disciplina a temprana edad, ya que se volverá parte de la rutina y será un hábito cuyos frutos se podrán disfrutar un poco antes. Nos encontramos frente a una inversión de tiempo que puede evitar muchos problemas en el futuro.

Repercusiones: la trampa del corto plazismo

Este es el capítulo por el cual comencé a escribir este libro y la razón de mi incursión en la sostenibilidad corporativa. Más allá de interesarme en las energías renovables y el reciclaje, lo más importante sigue siendo la sociedad y lo que las organizaciones aportan a toda una comunidad.

Por eso, es de vital importancia que analicemos las organizaciones por el valor que aportan, el papel que juegan los empresarios y emprendedores, así como todos los empleados en una sociedad, y, sobre todo, las repercusiones que presentan a largo plazo.

Las organizaciones se enfocan tanto en el valor que deben generar y los resultados que deben entregar que se olvidan del factor más importante: el factor humano, quienes prácticamente hacen operar toda la organización y que permiten que funcione de manera óptima.

Por lo tanto, las organizaciones también deberían enfocar esfuerzos en cuidar a sus colaboradores. Si a estos les ocurre algo que arriesgue su salud, entre otras cosas, se les paga una indemnización que, en la mayoría de los casos, funciona solo por un tiempo, aunque las repercusiones pueden durar toda la vida.

Es muy complicado que las organizaciones inviertan en proyectos y programas que no representen beneficios económicos a corto plazo, pero que sí puedan repercutir en sus colaboradores a corto plazo, probablemente cuando estos ya no se encuentren laborando dentro de la organización, algo que para muchas de estas organizaciones no representa un problema.

Las organizaciones exigen resultados y presionan sin importar, muchas veces, lo que sus colaboradores arriesgan: su tiempo con la familia, su salud física. La realidad es que las presiones que las organizaciones ejercen actualmente están causando estragos en la vida de sus colaboradores, lo que nos lleva a reflexionar sobre el valor que algunas organizaciones aportan a la sociedad.

> **Salario emocional**: aunque la remuneración es importante, elementos como el ambiente de trabajo, los beneficios y el liderazgo marcan la pauta para decidir entre moverse o quedarse en una organización.

He tenido varias experiencias laborales en las cuales he entendido que muchas veces debes dar un poco más, incluso algunas horas extra, que, como muchas personas, terminas por no cobrar. La típica pizza que llega durante la noche no es suficiente, sobre todo cuando estas son prácticas que se vuelven comunes y cotidianas. Asimismo, las empresas no deciden invertir para eficientar estos procesos porque no les generan un costo.

Hay una necesidad que debemos cubrir, no hay duda, pero cuando este tipo de prácticas se vuelve común dentro de las operaciones, o cuando incluso ya se han asumido de esa forma, es cuando hay que analizar, reflexionar y buscar la manera de optimizarlas, minimizarlas o eliminarlas.

Durante algunas de las obras en las que me veía involucrado, recuerdo llegar a las 3:00 a.m. para poder cubrir algunas actividades que eran requeridas, y salir incluso a las 11 p.m. de ese mismo día, repitiendo este horario durante varios días. Algo que sencillamente estaba mal planificado, y que en ocasiones no nos informan hasta que se requiere la actividad.

Es extraño que cuando nos encontramos en la búsqueda laboral, las empresas lo primero que preguntan y en lo que se fijan es si sabemos trabajar bajo presión. Esto nos indica desde un inicio que habrá un ambiente laboral hostil y con mucha incertidumbre. Claro que es manejable por un tiempo, pero si es parte de la cultura de la empresa, definitivamente hay algo que cambiar.

Hubo muchas entrevistas en las que desde el inicio mencionaban las horas extra que no se pagarían y que eran una práctica más común de lo normal. Esto solo indicaba que la empresa tenía conocimiento de estas prácticas, pero no tenía la más mínima intención de cambiarlas, solo buscaba mano de obra dispuesta a soportar este entorno.

> *"La sabiduría no se puede conceder, hay que ganarla, a veces con un coste.*
>
> ***Optimus Prime***
>
> *Transformers*

En mi temprana vida laboral, me encontré en diversas situaciones en las cuales me vi comprometido a trabajar muchas horas extra. Incluso cuando estaba fuera del país, era recurrente escuchar que no teníamos otro compromiso más que trabajar, por lo que había que priorizar las tareas o labores de la organización.

Tenía apenas 20 años, una edad muy temprana, por lo que pensaba que podía absorber o soportar unas cuantas horas extra sin quejarme ni oponerme. Sabía que esto estaba mal; sin embargo, terminaba por aceptar o realizarlo. También pensaba que esta situación sería solo temporal, pero, conforme pasaba el tiempo, me di cuenta de que no era así, sino que realmente era algo más normal y cotidiano en las operaciones de las organizaciones. Esto me llevó a reflexionar sobre las posibles consecuencias de normalizar este tipo de prácticas.

Había días en los que me sentía mal, a pesar de mi entrenamiento y de intentar cuidar mi alimentación, ya que las operaciones lo complicaban. Siempre procuraba mantener un estilo de vida saludable, pero había ocasiones en que esto era casi imposible de lograr. Afortunadamente, lograba tomarme unos días para recuperarme de esos lapsos en mis trabajos, siempre pensando que esa experiencia terminaría pronto o que encontraría algo mejor.

> *"Hijo, tu ego está firmando cheques que tu cuerpo no puede cobrar"*
>
> **Stinger, 1986**
>
> Top Gun, 1986

Así fue como, hace unos años, mientras me encontraba en el mundo de la consultoría, me tomé un par de semanas para visitar a mi familia. Mi proyecto estaba en Latinoamérica y estábamos a punto de cerrarlo, así que tenía la oportunidad de utilizar el viaje de rotación, que estaba contemplado en mi contrato. Debía aprovecharlo, a pesar de que mi director buscaba postergarlo y que no fuera utilizado este beneficio. La verdad es que no lo había utilizado durante todo el proyecto debido a las exigencias del mismo y a la creencia de que se me acumularían; sin embargo, nadie me hizo saber que las estaba perdiendo. Así que, cuando tuve la oportunidad de tomar esta prestación, lo hice.

Durante esos días, disfruté de la compañía de mi madre, simplemente estando en su casa. La comodidad de que alguien estuviera limpiando mi cuarto y todo mi entorno, así como no tener que preocuparme por mis labores, era necesaria. Sin mencionar que podría disfrutar de la comida preparada en casa; la comida de mi madre siempre será mi favorita. Mi padre se encontraba trabajando en plataformas, y ese mes le correspondía estar al frente de las operaciones en la costa.

Me di cuenta de varias cosas. Mi madre, que siempre se levantaba temprano para ir al trabajo, también enfrentaba diversos cambios en su vida. Había muchas cosas que aceptar y hasta dejar ir, cosas de las que había aprendido, pero sobre todo expectativas que se había creado al respecto. Noté que estaba un poco deprimida; todos los días se levantaba tarde, al mediodía, cuando antes lo hacía mucho más temprano. Ella nunca fue de ejercitarse y, ahora que tenía tiempo para hacerlo, a pesar de decir que tenía la intención, no lo hacía. No había adquirido ninguna disciplina ni practicado algún deporte, lo que hacía que fuera muy complicado para ella.

Así fue como, una mañana de marzo, me levanté como todos los días, dispuesto a ir al gimnasio y a ducharme. Unos minutos después, mi celular comenzó a sonar. Era el teléfono de mi madre, así que contesté mientras me bañaba, pensando lo extraño que era, pues ella nunca me hablaba a esas horas. Contesté y escuché solo murmullos, y de repente, la llamada se cortó. Terminé de bañarme y me apresuré a vestirme para averiguar qué había pasado.

Me dirigí a la habitación de mis padres, abrí la puerta y noté que la cama estaba deshecha y la luz del baño encendida. Llamé a mi madre un par de veces, pero no obtuve respuesta. Comencé a acercarme a la puerta de su baño y me asomé...

Era mi madre; estaba tirada frente al inodoro, sin poder moverse ni hacer nada más. Preocupado, me acerqué a ella para ayudarla a levantarse. Había paralizado todo su lado izquierdo. La acosté inmediatamente en su cama y le pregunté qué debía hacer; nadie nos prepara para esos momentos. Mi madre sufría de enfermedades como pénfigo, provocadas por las presiones cotidianas, sobre todo de su trabajo. Ella había trabajado unos años atrás y, cuando tuvo pénfigo, la empresa decidió liquidarla, pues era la decisión más inteligente para ellos económicamente hablando. A mi madre le dieron una buena liquidación, pero, con el tiempo, se agotaría en sus tratamientos.

Tenía conocimiento de algunas de las cosas que mi madre estaba pasando, pero, como siempre estaba lejos, no tenía la oportunidad de verla ni de instruirme sobre cómo actuar al respecto. Mientras la acostaba, le decía que todo estaba bien, que era algo normal y que se iba a recuperar; no sabía qué más hacer. Le pregunté si quería que la llevara al hospital, pero ella se negó varias veces. Llamé a mis tíos, que eran médicos, pero no tuve respuesta; estaban ocupados. Mi padre también estaba fuera de mi alcance. Así que acerqué todas las medicinas que ella tomaba y le hice el desayuno. Horas más tarde, mi padre me llamó y me dijo que eso no era normal y que debía llevarla al hospital de inmediato, que fuera a buscar a mis tíos, pero que actuara pronto.

Así fue como lo hice. Cuando todos me devolvieron las llamadas, me pidieron que corriera al hospital con ella de inmediato, lo cual hice. Al llegar al hospital, me dijeron que estaba teniendo un evento vascular cerebral y que había hecho lo correcto al llevarla, aunque un poco tarde. Nos íbamos a quedar toda esa semana internados, así que llamé a mi trabajo y expliqué todo al respecto; me pidieron que regresara para cerrar el proyecto lo antes posible.

Cuando comenzaron todos a llamar, escuché muchos reclamos por no haber actuado a tiempo; yo desconocía esta situación. Sin embargo, a nadie le interesó eso. Me quedé con mi madre el resto de la semana, y hablando con los médicos, empezaron a instruirme sobre la situación, las razones por las cuales se pudo haber dado y cómo prevenir este tipo de cosas.

La culpa me atormentó durante varios meses. Una tía doctora me pidió quedarme con mi madre unos meses para cuidarla y ayudarla a recuperarse lo antes posible, asegurando que mi compañía le vendría bien y que así podría estar con ella durante su rehabilitación.

> *"Si yo peleo tu peleas"*
>
> ***Adonis Crees, 2015***
>
> Creed

Al regresar a mi proyecto, expuse lo vivido y pedí un tiempo para ello, pero me fue negado. Así que me dieron la opción de renunciar, y decidí tomarla. La empresa no me iba a apoyar en esto, y el proyecto estaba por cerrarse, lo que significaba para ellos librarse de una posible liquidación, ya sea para mí o para alguno de mis compañeros que podrían ser reubicados en otros proyectos. Realmente no se trataba de un apoyo hacia mi familia o hacia mí, sino de un momento conveniente para ellos, y ciertamente para mí. Tenía algunos ahorros, por lo que podía dedicar un tiempo a cuidar de mi madre y a su recuperación.

Pasé los tres meses que me habían solicitado cuidando de ella, día y noche, bañándola y pendiente de su rehabilitación, sus medicamentos, entre otras cosas. Cuando mi padre regresó de las plataformas, buscaron otras alternativas: curanderas, masajes, entre otros, y nada funcionó. La única forma de que se recuperara era realizando los ejercicios que el rehabilitador había indicado, tomando su medicación y descansando. Sin embargo, cuando no se tiene la disciplina y se prefiere el gozo a corto plazo, se vuelve más complicado.

Mis tíos iban constantemente a ver a mi madre, lo cual estaba bien; sin embargo, ella siempre priorizaba verlos y quedarse viendo la televisión en lugar de hacer sus ejercicios. El rehabilitador y los doctores ya nos habían comentado que debíamos permitirle que realizara poco a poco sus tareas cotidianas. Sin embargo, todos querían atenderla, sin saber que probablemente estaban retrasando su recuperación. Mi madre se dejaba consentir, y ahora pedía ayuda para todo. Era difícil mantener la situación, pues yo debía regresar a trabajar y no podía quedarme allí todo el tiempo. Así que hablé con mi familia para obtener su apoyo, pero no entendieron, y me tacharon de hijo que no quería atender a su madre. En realidad, mi intención era que ella pudiera recuperarse lo antes posible.

Yo sabía que al final nadie más la atendería, y por eso le pedía que hiciera todos los ejercicios y procurara realizar todas sus actividades lo más normalmente posible. Se estaba acostumbrando a la atención de todos, y sabía que eso no sería una constante en su vida, solo por unas semanas. Cuando mi padre regresó, todo el mundo me exigía que regresara a mi vida laboral. Aunque me encontraba en búsqueda de empleo, no tenía la respuesta que esperaba.

Pasaron varios meses antes de que pudiera retomar mi vida laboral. Entré en el mundo financiero, y aunque no era la forma en que me hubiera gustado hacerlo, tuve que aceptarlo. Ninguno de mis tíos se quedaría con mi madre para apoyarla, y mi tía Carmen, quien cuida a mi abuela materna, lo haría ahora. Así que comencé a recibir todo tipo de llamadas de mis familiares, criticándome por mi inconsistencia al haber tomado esa decisión. Unos meses atrás, exigían que me reincorporara a mi vida laboral, ya que pensaban que eso preocupaba y presionaba a mi madre. Y cuando finalmente lo hice, me reclamaron por retomar mi vida. Muchos me pidieron que contratara a una enfermera para que la cuidara todo el tiempo, pero ¿qué tanto tiempo podría sostener una vida así? ¿Acaso era viable?

Cuando uno deja de cumplir con las expectativas que la comunidad tiene sobre nosotros, se nos exige y se nos presiona para lograr un cambio o un objetivo que ellos mismos han impuesto, sin considerar nuestras condiciones y contexto. Así, ante sus ojos, parecemos haber perdido valor.

Recuerdo varios "Tú verás cómo le haces" de familiares y personas cercanas, casi haciéndome responsable de todo lo sucedido, adjudicándome una nueva responsabilidad que realmente no debía asumir, ya que mucho de lo ocurrido se debía a la presión social, a ideologías pasadas y, muy probablemente, a hábitos que deberían haberse cambiado en su momento.

La economía actual no nos permite, con un solo empleo, hacernos cargo de una situación así y al mismo tiempo continuar persiguiendo nuestras metas y objetivos. Mi madre todos los días me pedía que siguiera con mi crecimiento profesional, como toda madre haría, que hiciera mi vida. Mientras tanto, mi familia me exigía y reclamaba todo lo que ella había hecho por mí.

Mi madre siempre se había preocupado por darme educación, cuidar de mí, y yo también quería hacer lo mismo por ella. Sigo apoyándola en la mayor medida que puedo. Sin embargo, con su vida laboral, ¿había hipotecado su salud? ¿Había hipotecado su futuro?

Al priorizar su vida laboral, había descuidado otras áreas de su vida. Las empresas en las que trabajó, a pesar de todos los sacrificios que hizo por su empleo y por su familia, no vieron la manera de cuidar de ella en ningún momento, a pesar de que entregó su tiempo, convivencia familiar e incluso su salud por su obligación con esas organizaciones.

Así que yo debía aprender de esto también: cómo las organizaciones pueden encontrar un equilibrio entre sus operaciones, la remuneración adecuada para sus empleados y el cuidado de todos sus colaboradores, para que en el futuro puedan disfrutar de su trabajo.

Capítulo 9: Economía

> Economía, la satisfacción de necesidades ilimitadas con recursos limitados.

La definición de economía, por sí misma, nos da un indicio acerca de lo que debemos comenzar a cuidar en la sociedad: aprender a limitar nuestras necesidades y, sobre todo, evitar que surjan nuevas en la mayor medida posible.

Con el crecimiento poblacional constante, aparecen más y nuevas necesidades, lo que hace importante desarrollar soluciones alcanzables. El objetivo es que la mayor cantidad de personas pueda acceder a más y mejores productos y servicios.

Las ciencias de la economía son ciencias sociales que van de la mano con el crecimiento poblacional, las necesidades de las personas y la satisfacción de estas. Se trata de una ciencia que busca anticipar problemas y brindar soluciones a una sociedad en constante cambio.

Por eso, muchas empresas destinan gran parte de sus recursos e inversiones para generar nuevas necesidades en la sociedad. Un ejemplo son los teléfonos celulares, que buscan facilitar la comunicación rápida y constante, convirtiéndose en la primera solución ofrecida. Esto, a su vez, genera problemas relacionados, que deben resolverse mediante productos alternativos o mejorando áreas de oportunidad identificadas.

Asimismo, muchas empresas crean nuevos mercados, buscando clientes específicos a quienes ofrecer estos productos o servicios, integrándolos en su día a día. Esto no solo busca un flujo de ingresos, sino que también genera valor para un mercado y una sociedad.

Es por esto que es necesario tomar conciencia del crecimiento poblacional, pero, sobre todo, educar a la sociedad para que tenga en cuenta esta realidad.

Hace tiempo, me encontraba platicando con uno de los CEOs de una empresa de desarrollo de software. Acababa de tener su primer nieto y se mostraba desbordado de felicidad. Me aseguraba que nada traía tanta alegría a las personas como tener un hijo o hija, y que no había nada más importante que sus nietos. De hecho, ya le exigía un segundo nieto y estaba planeando el futuro de su hija.

Tenía otros cinco hijos y estaba emocionado al pensar en todos los nietos que tendría. Su empresa ya funcionaba y poseía varias propiedades que le permitían estar tranquilo. Me comentó que debía apurarme, ya que los hijos sacan lo mejor de uno. No lo niego, pero le respondí que primero buscaba estabilidad para, posteriormente, brindársela tanto a mi pareja como a mis futuros hijos. Argumentó que no había mejor momento que en esa incertidumbre precisamente para lograrlo.

Me quedé pensando en que él veía la situación desde su privilegio y con ideas ancladas en el pasado. Antes, la decisión de tener muchos hijos en el campo era parte de una estrategia económica, ya que representaban más manos para trabajar; ahora, podría significar una presión y, probablemente, aceleraría enfermedades o tendría otras repercusiones en la salud de la mayoría de las personas.

Tener a alguien que dependa de ti representa una enorme responsabilidad, y es algo que las empresas también consideran al contratar o seleccionar candidatos para diferentes posiciones, dándoles un mejor poder de negociación.

Al mismo tiempo, traer a alguien a este mundo es una enorme inversión, tanto económica como de tiempo. No se trata solo de encargarse de esa persona; actualmente, es complicado que una persona joven asuma toda la responsabilidad, ya sea de proveer o de criar.

Si continuáramos reproduciéndonos de manera desmedida, habría una gran cantidad de necesidades que satisfacer. Surgirían nuevas actividades económicas y más organizaciones; otras desaparecerían, y continuaríamos en una constante evolución, como ha sido hasta ahora en la historia de la humanidad. Sin embargo, ¿habría recursos suficientes para ello?

Hablamos también de educación. Él había estado en una de las mejores universidades del país; sin embargo, ya no creía que esto fuera importante. No veía con buenos ojos que las personas aprendieran sobre derechos humanos, medio ambiente, entre otras cosas; lo único que consideraba necesario era aprender a generar dinero. Sostenía que los problemas medioambientales eran inventos de los gobiernos para regular el crecimiento económico de las personas, limitando sus acciones y actividades empresariales.

En su experiencia, cuando era joven, había montado varios negocios, los cuales cerraba para invertir en otros que le dejaran mayores ganancias. Muchos de los negocios que había hecho se basaban en aprender a vender. Él siempre se consideró una persona brillante, y su entorno lo respaldaba, haciéndoselo saber. Muchos de sus negocios aseguraban atacar necesidades de las personas, aunque no fuera así.

Le expliqué que actualmente existían regulaciones que lo obligarían a detener sus operaciones o le impondrían multas. Él me respondió que entonces estarían violando su derecho a la libre opinión. Se refería a las regulaciones sociales y ambientales actuales, argumentando que solo funcionaban para controlar las actividades económicas de las personas y mantener a la sociedad bajo dominio.

> *""Pase lo que pase mañana, debes prometerme una cosa: que seguirás siendo quién eres: no un soldado perfecto, sino un buen hombre...""*
>
> ***Abraham Erskine, 2011***
>
> Capitán América: El primer Vengador, 2011

Las personas a su alrededor comentaban lo mucho que había cambiado. Para sorpresa de varios, esta no era la mentalidad que lo había llevado al lugar en el que estaba; sin embargo, él se encontraba inconforme con las regulaciones actuales respecto al medio ambiente, probablemente porque así no habría logrado todo lo que tiene en la actualidad. Así que ahora se oponía, ya que consideraba que esto limitaba a las personas.

Algo que podemos observar actualmente es cómo tanto los gobiernos como las empresas han comenzado a implementar acciones que permiten mejorar los entornos laborales y ambientales de una sociedad. La educación ambiental también representa una apertura a una nueva economía emergente, en la que surgirán nuevas necesidades. Está en nosotros encontrar la forma de equilibrar nuestras necesidades con las del entorno y la sociedad.

La educación, tanto social como ambiental, también nos ayudará a anticipar futuras necesidades y, por lo tanto, a encontrar soluciones, así como a ofrecer productos y servicios enfocados en ellas. Al igual que la industria de la tecnología, que en algún momento fue emergente, esta también alcanzará un estatus similar.

Es fundamental entender que la forma de pensar del pasado es lo que nos ha llevado a este punto en la historia; las circunstancias y el contexto son totalmente diferentes. Muchos de los recursos que antes había ahora son escasos o sus precios los han vuelto inalcanzables para la mayoría. Un ejemplo es el sector inmobiliario: antes, comprar un bien inmueble era un poco más sencillo y mucho más económico hacerse de un terreno, algo que ahora se ha vuelto una misión muy difícil para alguien que inicia su carrera profesional. Recuerdo que mis padres compraron el terreno de nuestra casa a un precio muy accesible, a una edad demasiado temprana. Esto les ha ocurrido a muchos, y las generaciones mayores ahora nos cuestionan el motivo por el cual no hemos realizado esas inversiones.

Es complicado recopilar el pasado, cómo ciertos tipos de negocios generaron recursos, probablemente por razones incorrectas, pero bien invertidos al final, y cómo eso complicó las cosas para las generaciones futuras. Actualmente, vivimos algunas repercusiones, como la escasez de ciertos bienes y el incremento de precios. Nos encontramos pagando por los descuidos de toda una generación que, poco a poco, comienza a darse cuenta de esto y busca remediarlo, lo que se ha vuelto casi una competencia.

Algunas actividades económicas que rindieron frutos en el pasado probablemente no tendrían el mismo resultado en la actualidad. Nos esforzamos por mejorar el ambiente y la economía por el bien de las futuras generaciones, para aportar a su estabilidad tanto financiera como económica.

Prioridades: el arte de saber elegir

Existen muchas prácticas dentro de las diversas ramas administrativas y de la ingeniería que debemos comenzar a imitar; una de ellas es la selección de prioridades. Dentro de las empresas, también hay muchas necesidades, y todo el tiempo surgen nuevas; es una realidad que estas nunca terminan, y tenemos períodos de tiempo para responder ante ellas. Muchas veces, las empresas deben resolver cuestiones regulatorias, por ejemplo, para continuar operando en algunos países, lo que se convierte en la prioridad número uno de la lista. Otras mejoras se consideran "nice to have" y no son tan prioritarias.

Es por eso que, tanto a nivel organizacional como en la sociedad, es imprescindible aprender a priorizar en qué proyectos y actividades son necesarias, pero sobre todo cuáles generan un mayor impacto, ya sea porque vayan de la mano con la estrategia o porque sean esenciales.

Las prioridades nos permiten mantener el enfoque en el objetivo. Tanto una organización como una sociedad deben tener un objetivo y, por lo tanto, encaminar sus acciones, recursos y esfuerzos hacia su consecución.

Para realizar la mejor elección, es importante tener en cuenta todo el contexto y hacer un correcto levantamiento del impacto que cada opción puede lograr, así como delegar de manera adecuada las tareas, sabiendo qué le corresponde a cada persona y cómo las atenderán.

> La prioridad es algo que debe hacerse o ejecutarse antes que cualquier otra cosa.

Unos años más tarde, cuando me encontraba en mi primera obra, había un cliente muy complicado. Al mismo tiempo, debo reconocer que todos los contratistas demostraron un compromiso y profesionalismo excepcionales.

La obra no era complicada; se prestaba para que pudiera aprender a realizar las tareas de forma correcta y a resolver varios problemas. Como siempre mencioné, el gobierno corporativo que se manejaba permitía este crecimiento profesional de manera sistematizada.

Sin embargo, había un tema en el entorno exterior con el que no contaba: el ámbito político. En aquel entonces, se llevaban a cabo las elecciones en Estados Unidos y el candidato que había ganado había tomado la decisión de mantener gran parte del trabajo relacionado con la manufactura en su país.

Esto generó que el cliente que teníamos pidiera terminar la obra en un lapso de tiempo más corto. Por más que podíamos respaldarnos en los contratos, había una nueva necesidad: si no cumplían, corrían el riesgo de perder a su cliente. Por lo tanto, muchos de los trabajos que se iban a generar ahí y las familias que dependerían de estos quedarían vulnerables. Todos nos comprometimos a sacar adelante este reto, así que buscamos todas las formas posibles de terminar la obra con meses de anticipación. Al mismo tiempo, los recursos estaban distribuidos en otras obras, que tampoco se podían desatender, por lo que debíamos buscar una nueva estrategia que nos permitiera cumplir con el cliente, y este con el suyo.

> *"No cuentes los días, haz que los días cuenten"*
>
> **Muhammad Ali,**
>
> Campeón de Boxeo y Activista Social

Empezamos a priorizar las áreas de trabajo, ya que, si ellos iban a tener una videoconferencia con su cliente, era fundamental mostrar terminada la sala de juntas. Por ejemplo, cuando ya estaba por llegar la maquinaria, debíamos tener ese espacio listo para recibirla. Así, fuimos priorizando las áreas para entregar trabajos finalizados; nos enfocamos en eso, destinando recursos y esfuerzo, de manera que solo entregáramos trabajos terminados, aceptados y cerrados.

Esto nos permitió darle una enorme tranquilidad al cliente, quien terminó satisfecho. Aunque aún había trabajos pendientes, como algunos detalles, se mostraba muy agradecido, dándonos el tiempo necesario para poder detallar la obra.

Disciplina: el enfoque a largo plazo

La disciplina es algo que muy pocos pueden desarrollar; es una cuestión de mucha paciencia. Implica saber a dónde quieres llegar y enfocar constantemente tus esfuerzos en eso, con la certeza de que, en algún momento, la suma de todos ellos te llevará a alcanzar tus metas.

En la economía, es complicado hacerse el hábito de ahorrar o de realizar alguna inversión. Cuando apenas recibimos algún pago o bono, de inmediato lo gastamos o lo tenemos ya comprometido para realizar algunos pagos por créditos ya utilizados. Cualquiera de estas acciones demuestra muchas veces que nos enfocamos en metas de corto plazo.

Enfocarnos en las metas a largo plazo nos permitirá realizar acciones que nos brinden cierta tranquilidad, generando hábitos que nos lleven a no gastar de manera impulsiva o a elegir, en este caso, nuestro bienestar o el de nuestros seres queridos en el futuro. Siempre da tranquilidad saber que, económicamente, nada faltará al día siguiente. Mejor aún es poder hacer alguna inversión que no requiera que gastemos dinero en ese momento y que nos permita tenerlo disponible en un futuro próximo; esa es una tranquilidad que la disciplina misma nos puede brindar.

Esto es clave, pues nos ayudará a mejorar nuestra salud y estabilidad emocional. Puede proporcionarnos la paz y tranquilidad que a veces necesitamos, siendo una forma de respaldarnos a nosotros mismos.

> *"Empiezo temprano y me quedo hasta tarde, día tras día, año tras año. Me tomó 17 años y 114 días para triunfar de un día a otro".*
>
> **Lionel Messi**
>
> Ganador 8 veces Balón De Oro

Cuando me encontraba laborando en consultoría y mi madre sufrió un evento vascular cerebral, pude tomar fácilmente la decisión de dejar mi trabajo. Tenía unos cuantos ahorros y sabía que podría dedicarme a ella por un tiempo. Además, contaba con los estudios suficientes para mantenerme durante un tiempo, así que me di un respaldo, comprándome algo de tiempo y, sobre todo, estuve presente en un momento en que mi familia más me necesitaba.

Buscar en dónde invertir también es una buena práctica. Gran parte de la tecnología que actualmente hay en el mercado, respecto a soluciones sostenibles, es a largo plazo. Debemos desembolsar una cantidad de dinero, pero esto nos permitirá ahorrar más en unos años. A veces, lo complicado es tener la cantidad requerida para hacer la primera inversión. Existen soluciones que ayudan a satisfacer nuestro estilo de vida; por ejemplo, los paneles solares o los sistemas de generación de agua atmosférica.

Del primero, podemos decir que hay un área de oportunidad muy interesante, ya que los paneles solares tienen una vida útil superior a los 20 años, y, por lo general, el retorno de la inversión se encuentra alrededor de los 5 años. Eso significa que ahorramos más de cuatro veces lo invertido, sin mencionar que podemos eliminar algunas preocupaciones, como el pago de la factura de electricidad.

Infraestructura y resiliencia

¿Podemos aspirar a crecer por todas partes? ¿Estamos listos para un crecimiento? Muchas ciudades no cuentan con la infraestructura necesaria para expandirse. Vemos diversos problemas que se presentan. Hay muchas ciudades que, en los últimos años, han experimentado un crecimiento enorme debido al tipo de industrias que se concentran en ellas, pero también han demostrado que no estaban listas para esto.

No todas las zonas cuentan con los servicios requeridos para llevar a cabo actividades económicas o, simplemente, para vivir. Por eso, los gobernantes deben trazar objetivos a largo plazo que permitan iniciar actividades e inversiones para alcanzar las metas que se están estableciendo para los próximos años.

Es complicado cuando también comienza a crecer la población de un lugar en busca de una mejor calidad y estilo de vida. Los motivos laborales, sobre todo, son los que nos obligan a buscar y migrar a otros sitios. Por ello, las ciudades deben estar preparadas para enfrentar todos estos retos. Cuestiones como el tráfico, por ejemplo, nos pueden dar una gran referencia de esto. Muchas ciudades no cuentan con la infraestructura vial adecuada para soportar una mayor cantidad de automóviles, o no disponen de buenos medios de transporte que permitan a la población utilizarlos, evitando así depender de su vehículo.

Los problemas de infraestructura también se evidencian durante alertas por desastres naturales, entre otras cosas. Hay varias ciudades que cuentan con sistemas de alertas sísmicas para avisar a la población, mientras que otras no tienen un sistema de drenaje que permita mejorar sus vialidades.

Esto nos habla de los problemas que históricamente han enfrentado y de cómo los han ido combatiendo, buscando soluciones a los problemas que se presentan al intentar crecer o expandir su actividad.

Cuando las personas regresan a sus ciudades de visita, nos damos cuenta de que el lugar del que migramos, en ocasiones, no se encontraba preparado para crecer. Lo veo cuando voy a visitar a mis padres, ya sea en vacaciones o en días festivos. Esos días son muy complicados debido a que muchas personas regresan, lo que llena cada posible lugar y hace difícil la convivencia.

La resiliencia es la capacidad de una persona, organización o sociedad para adaptarse frente a la adversidad.

Asimismo, muchas empresas deben ir adoptando su infraestructura y prácticas para lo que será un estado futuro. Uno de los mayores ejemplos lo podemos ver durante la pandemia, donde se demostró que no todas las empresas estaban listas y muchas terminaron cerrando sus operaciones.

La falta de liderazgo y un buen respaldo financiero llevaron a que muchas de ellas comenzaran a desaparecer poco a poco. Aquellas que no eran lo suficientemente fuertes tuvieron que despedir empleados y buscar estrategias que les permitieran cumplir con la ley. Sin embargo, esto también permitió a otras identificar sus áreas de oportunidad y decidir invertir en mejorar sus prácticas e infraestructura, de tal manera que pudieran seguir operando de forma cotidiana. Aquí surgieron también nuevas oportunidades para diversos emprendedores y empresarias, lo que, sin duda, ayudó a algunos a equilibrar fuerzas en los mercados donde competían con grandes empresas.

El trabajo desde casa comenzó a ser más recurrente, y muchas empresas implementaron el home office. Aplaudo esta decisión, ya que permitió una mayor convivencia con nuestras familias y disfrutar de un poco más de tiempo juntos. En muchas ocasiones, el tiempo perdido debido al tráfico se redujo, lo que resultó en ciudades más despejadas y con menos contaminación. Todo parecía positivo; sin embargo, las empresas con mejores prácticas fueron las que sobrevivieron, ya que no necesitaban supervisar constantemente a sus colaboradores. Sabían que podían delegar tareas y que estas se cumplirían, lo que hacía innecesario el control rígido. Era el momento de contar con líderes que motivaran a sus compañeros y al entorno para cumplir con los objetivos.

El home office se convirtió en un beneficio que muchas personas comenzaron a buscar, así como el trabajo híbrido, debido a las ventajas y bondades que traía consigo. Con buena disciplina y constancia, se puede lograr una vida muy sostenible, dando oportunidad a la convivencia familiar y al cuidado personal, lo que genera un ambiente más cómodo para desempeñarse.

Empresas como Coca-Cola, cuyos productos forman parte de la canasta básica, pudieron implementar fácilmente estrategias para adaptar el home office, ya que no tenían que preocuparse por la demanda de su producto. Sin embargo, muchas otras enfrentaron dificultades con este cambio y tuvieron que crear nuevas estrategias, tanto de ventas como de dirección.

Varias empresas de retail tuvieron que cerrar operaciones o reducir gastos debido a que la demanda no era la misma. No podían soportar el pago de nóminas ni muchos otros gastos, como el arrendamiento de locales. En ocasiones, arrendar un lugar era una solución adecuada. Muchas empresas no solo tuvieron que invertir en infraestructura, lo que llegó a desbalancear sus estados financieros, sino que también buscaron otras estrategias, como implementar oficinas virtuales, que destacaron su crecimiento, entre otras.

> *"La raíz es fuerte, el árbol sobrevivirá"*
>
> **Mr. Miyagi, 1989**
>
> Karate Kid 3, 1989

Uno de mis mejores amigos, a quien más admiro, tiene su propia agencia de medios y pudo adaptar su forma de trabajo. A pesar de ser una empresa que aún se encuentra emergiendo, encontró la manera de continuar operando. Supieron delegar responsabilidades, ya que todos los colaboradores están comprometidos con el desarrollo de la empresa; cuando a ellos les va bien, a sus colaboradores les va aún mejor. A pesar de contar con una estructura pequeña, su capacidad de reinventar operaciones les permitió superar este reto, el cual muchas empresas no lograron soportar.

Encontraron la forma de que todos pudieran trabajar desde casa y reunirse solo en los momentos necesarios. La clave de esto fue la dirección: contar con empleados comprometidos y preparados, que saben hacer bien su trabajo, lo que permitió a la empresa seguir operando de manera cotidiana. Los clientes estaban igualmente satisfechos, y todos los colaboradores, al sentir el respaldo de sus líderes, buscan la forma de llevar adelante sus actividades y tareas, entregando resultados esperados e incluso mejores.

Inclusión económica, nearshoring y PyMEs: la importancia en la economía de un país

Estar en un país cuya economía depende en gran parte de las pequeñas y medianas empresas nos debe generar admiración hacia varios emprendedores, quienes tienen una gran responsabilidad en cuestiones monetarias de la sociedad.

> **Inclusión** es pertenecer o formar parte de algo. Se logra creando un entorno que hace sentir a las personas respetadas, apoyadas y valoradas.

Es por eso que es importante la inclusión económica, una en la que las empresas emergentes puedan comenzar a competir y ofrecer sus servicios de manera equitativa a las grandes y bien posicionadas a nivel internacional.

Actualmente, el nearshoring y la globalización permiten que muchas empresas armadoras de autos, por ejemplo, lleguen a diversos países y ciudades. Esto genera un sinfín de necesidades que deben ser atendidas y pueden satisfacerse con la ayuda de muchos empresarios de las zonas y ciudades.

El nearshoring es la estrategia de diversas empresas de externalizar o transferir producción a terceros, incluso ubicados en países extranjeros, generando una mayor cantidad de empleos. La práctica del nearshoring hace que muchas empresas se establezcan en diversos países alrededor del mundo.

Por eso, los empresarios deben contar con mano de obra calificada que les permita competir con las grandes empresas y, por lo tanto, crecer. Esto también les permite invertir en su infraestructura y mejorar las condiciones que ofrecen a sus empleados.

Ahora existe la necesidad no solo de tener la mano de obra mejor preparada y más calificada, sino también de que esta pueda responder a los cambios. Las empresas deben invertir en capacitación constante, observar las tendencias del mercado, aprenderlas e implementarlas lo antes posible, de tal forma que puedan atender las necesidades de sus clientes.

La capacitación también les dará a sus empleados un sentido de aprendizaje y crecimiento constante, lo que muchas veces les hace considerar otras ofertas laborales en donde probablemente no tengan estas ventajas. Si estos empleados piensan a largo plazo, junto con los dueños de la empresa pueden beneficiarse mutuamente. La organización generará más valor del que el empleado piensa, y este buscará la manera de generar más valor, ya que se encontrará en un entorno y ambiente que le permitirá no solo aprender, sino también experimentar e implementar lo aprendido.

> *"En ningún sitio aprendí tanto de mí y de los demás como en la cancha"*
>
> **Jorge Valdano**
>
> Ex futbolista y exentrenador argentino

A mitad de mis estudios universitarios, comencé a preocuparme por implementar parte de lo aprendido en clases, pues realmente seguía sin ver algo tan práctico que no fuera en las clases de laboratorio. Fue por eso que empecé a explorar las diferentes opciones para realizar prácticas profesionales.

Fue entonces que escuché acerca de una conferencia sobre un proyecto que estaba por iniciar. Aunque no era algo que yo quería al 100%, estaba dispuesto a aprender y ver algunas aplicaciones en la vida diaria y en las operaciones de una empresa.

A esa conferencia asistimos un par de amigos y yo; los demás se encontraban en semestres más avanzados, mientras nosotros estábamos en quinto semestre. Los más jóvenes se encontraban a un año de terminar sus estudios.

El proyecto trataba sobre empresas PyMEs y, conforme se dio a conocer, poco a poco varios de esos estudiantes comenzaron a retirarse. La mayoría esperaba comenzar a hacer prácticas profesionales en empresas internacionales o bien posicionadas en el mercado que les permitieran generar currículum, lo cual, como estrategia, no estaba mal. Sin embargo, mis amigos y yo decidimos quedarnos, tal vez porque, al estar en un momento temprano de nuestra vida estudiantil, nos permitimos más tiempo para explorar otras oportunidades.

Decidimos quedarnos en el proyecto, que era para apoyar a estas empresas PyMEs en su ingreso al clúster automotriz de la zona. Varias empresas grandes estaban llegando y requerían diversos servicios que muchas PyMEs no estaban listas para brindar. Era necesario enfocar y dirigir el crecimiento, las metas y los objetivos, asegurándonos de que fueran alcanzables.

Así fue como aprendí mucho sobre gobierno corporativo. Trabajando en consultoría de PyMEs, prácticamente de la mano de los dueños, pude implementar todo lo que iba aprendiendo en la universidad. Mis ideas eran tomadas en cuenta; presentaba proyectos e iniciativas que tenían un impacto en la organización, lo que también me ayudaba a generar confianza. Por otro lado, muchos de los estudiantes mayores, que buscaban su oportunidad en empresas más grandes y posicionadas, terminaban sacando copias o realizando tareas de baja importancia.

Economía circular: la maximización de recursos

Muchas veces, al hablar de economía circular, la asociamos de inmediato con economía verde o con una economía basada en el reciclaje. Esto limita mucho el concepto de economía circular.

El trabajo que se busca realizar dentro de la economía circular abarca desde el diseño del producto, evitando que se convierta en un desperdicio de manera inmediata. Se trata de maximizar los recursos que se emplean y encontrar un uso posterior. Así como en ocasiones se intenta implementar estrategias para tratar riesgos, también se pueden explorar posibles usos posteriores de los productos, observando cómo pueden generar un mayor impacto. Esto implica un estudio de ingeniería que se podría realizar, así como analizar las repercusiones a nivel social y los sectores que mejor pueden aprovecharse.

Este mismo principio se aplica a los empleados: la forma de capacitarlos y ubicarlos en otras áreas donde pueden ser útiles. En ocasiones, los proyectos u operaciones en ciertas áreas pueden verse afectadas y requieren optimización, pero buscar otro lugar donde algunos miembros de la organización puedan funcionar sigue siendo maximizar recursos. Hacer que en las operaciones de la empresa los empleados puedan encajar y realizar diversas tareas también contribuye a maximizar los recursos.

La economía circular nos permite desarrollar y planear desde las operaciones de la empresa hasta los productos y servicios que ofrecemos en el mercado.

Sistema de salud colapsado

La cuestión más crítica acerca del tema de sostenibilidad es cuánto podemos mantener un estilo de vida y cómo equilibrar una vida sana con lo laboral.

Es importante contar con un respaldo respecto a nuestra salud, ya que no sabemos cuándo podemos enfrentar un evento o que, a pesar de tener los mejores hábitos, nuestro cuerpo pueda fallar. Por esto mismo, las empresas deben promover un estilo de vida que permita a los colaboradores disfrutar de su trabajo en buena forma.

Un entorno que prioriza la salud mental es uno en el que todos los colaboradores pueden desarrollarse, aprender y sentirse cómodos. Es complicado cuando te encuentras en un lugar que ofrece todos estos beneficios. Esto es mejor tanto para la organización como para el colaborador, ya que se reduce la rotación y la salud de la persona se encuentra en mucho mejores condiciones.

A todo esto, un ambiente de trabajo adecuado debe permitir al colaborador disfrutar también de su tiempo libre y de los debidos descansos. Es fundamental despejarse del trabajo para aprovechar al máximo sus capacidades.

Las empresas que logren equilibrar sus operaciones mediante la implementación de ambientes de trabajo saludables y amigables para los colaboradores estarán participando de manera directa en la sostenibilidad social. En la actualidad, vemos varios casos de repercusiones graves o importantes para los colaboradores que anteriormente trabajaban en algunas organizaciones.

> "Estos hombres no son máquinas. Debemos honrar a nuestros guerreros."
>
> ***Dr. Bennet Omalu, 2015***
>
> La Verdad Oculta, 2015

Muchas de las personas de generaciones mayores trabajaban largas jornadas laborales, descuidando no solo a su familia, sino también su salud. Actualmente, vemos cada vez más repercusiones relacionadas con estas decisiones y este estilo de vida desafortunadamente, y muchas personas tenemos que lidiar con estos problemas.

Me encontraba platicando con el rehabilitador de mi madre durante una de las revisiones mensuales a las que me gusta acompañarla para estar al tanto de lo que se pueda ofrecer y monitorear su estado. Él también trabaja en el sistema de salud pública, y me pareció estremecedor conocer un dato importante que no se escucha con frecuencia.

Casos como el de mi madre son comunes; él ve por lo menos cinco nuevos casos a diario. Esto me lleva a reflexionar no solo sobre el estilo de vida y la presión que las organizaciones ejercen para que las personas se descuiden, sino también sobre cómo el sistema de salud se hace cargo de estas personas, quienes ya no tienen la oportunidad de vivir de forma plena, y sobre cómo nosotros, las personas económicamente activas, soportamos esta carga. ¿Qué tanto puede mantener una sociedad una dinámica así?

Es por eso que urge que cada vez más empresas se sumen a la mejora de la sociedad, optimizando sus operaciones, tanto por su propio bien y competitividad en el mercado como por la salud de sus colaboradores, quienes en el futuro pueden encontrarse en un mejor estado que el actual, lo que permitirá que todos podamos seguir creciendo de manera sostenible.

No es una cuestión de filantropía o de solo ayudar a la sociedad; se trata de una inversión a largo plazo que permitirá que tanto colaboradores como la sociedad puedan percibir el valor de las organizaciones que implementan estas prácticas.

Capítulo 10: Filantropía

La filantropía se cataloga como amor a la humanidad. Son esas actividades que se realizan únicamente para ayudar a los demás, sin generar una ganancia económica, y que muchas veces confundimos. La sociedad no espera que las organizaciones realicen actividades solo por el bien de los demás; somos conscientes de que toda organización busca generar valor a la sociedad, pero también obtener un beneficio económico.

Muchas empresas y organizaciones se han esforzado por dejar algo positivo a la sociedad, lo cual es digno de aplauso. Siempre escuchamos comentarios que sugieren que esto es una cuestión de evasión de impuestos o de obtener incentivos. Personalmente, no veo nada de malo en esto, ya que es una forma de incentivar a las organizaciones a realizar este tipo de actividades, donde la sociedad también se convierte en parte.

No se trata solo de dar caridad; es necesario generar un valor para la sociedad y que la organización sea reconocida por su excelencia operativa. Esto incluye su ambiente laboral y la congruencia de sus operaciones con lo que predica, es decir, su misión y visión, que constituyen la razón de su existencia.

Filantropía sostenible

Para poder ayudar, las organizaciones también deben, primero, generar ganancias; claramente, los socios y accionistas son los primeros que velarán por sus intereses. Quizás se podría incluir a los colaboradores en actividades filantrópicas, proponiendo proyectos en los que las personas de la misma organización se sientan comprometidas con la mejora.

No se trata solo de ayudar por ayudar, sino de que las acciones de la organización tengan un sentido, y que sus valores se reflejen en lo que entrega y genera para la sociedad. A través de este tipo de acciones, la sociedad puede conocer a la empresa y crear una reputación favorable, mejorando así su imagen frente a la comunidad.

> *"De todas las variedades de virtud, la generosidad es la más estimada"*
>
> **Aristóteles**

Cuando me encontraba entrando a la adolescencia, mi tío Jorge organizaba, junto con sus amigos, una actividad de fin de año llamada el "pollotón", que consistía en llevar una cena a las familias más necesitadas la noche del 24 de diciembre. Esto tenía la intención de emular una cena de Navidad completa, aunque económica.

Él se ponía de acuerdo con sus amigos de la carrera y la familia, quienes siempre estaban atentos a las fechas para poder cooperar con él. En aquel entonces, él había emprendido un negocio que le surtía despensas a las empresas del corredor industrial y a diversos clientes minoristas.

A los jóvenes nos permitía invitar a nuestros amigos cercanos para repartir, y a los más pequeños, ayudar a empacar. Todo esto era respaldado también por las personas que trabajaban en su negocio; todos nos veíamos involucrados y nos sentíamos afortunados de poder pasar así un 24 de diciembre.

Desafortunadamente, esta actividad dejó de hacerse, y esperamos poder retomarla en el futuro. La situación de inseguridad en aquel entonces en la ciudad hizo complicado continuar con esta actividad, al mismo tiempo que muchas de las personas que apoyaban la iniciativa tuvieron que marcharse por ese mismo motivo, cerrando la operación del negocio e imposibilitando continuar con esta tradición.

La belleza de la filantropía

Muchas de las organizaciones filantrópicas y de las que buscan llevar a cabo estas actividades solicitan ayudas de forma caritativa a las personas. Uno de los ejemplos que vemos es cuando nos piden realizar un redondeo o una donación.

Este recurso no está contemplado para poder realizar estas acciones, y solamente se llevan a cabo si las personas donan de forma caritativa o consumen algo con este fin. De todos modos, se puede decir que la empresa no está destinando nada a estas acciones.

> *"La confianza en uno mismo que uno construye al lograr cosas difíciles y lograr metas es lo más hermoso del mundo"*
>
> ***Madonna***

Unos años más tarde, me vi como jurado en un concurso de belleza femenino, donde me sorprendió una chica que, además de su destacada belleza, me cautivó por cómo ponía sus habilidades al servicio de los demás, de su comunidad y de la sociedad.

Ella tenía una meta y un objetivo: ayudar a organizaciones en algo que había sufrido desde muy pequeña. Logró estructurar todo un modelo de negocio para hacer realidad este apoyo, además de cubrir los gastos de operación del negocio. Se percibía claramente ese apoyo que ella destinaba para su causa social. Así fue como pude reflexionar y pensar que ojalá varias organizaciones pudiesen hacer algo similar, no solo con donaciones, sino a través de sus operaciones, para que la sociedad pueda percibir ese valor que la organización también está entregando. De esta forma, la próxima competencia sería la filantropía.

La chica terminó ganando, y no era solo por su aspecto físico, sino por su corazón, su preparación y todo su esfuerzo, que fueron recompensados. Justamente, esto es algo que la sociedad está buscando: que las personas seamos más íntegras y que trabajemos por el bien de nuestro entorno, generando valor para nuestra comunidad.

Capítulo 11: El ASG al final es un número

Los criterios ASG son herramientas para medir los impactos de una organización en el medio ambiente. Se conforman por tres pilares: Ambiental, Social y Gobierno Corporativo, de ahí provienen sus siglas. Es importante que las organizaciones los vayan adaptando poco a poco para generar un cambio significativo.

Estos estándares son un buen comienzo para establecer criterios sobre sostenibilidad; sin embargo, no son perfectos ni absolutos, y, como toda organización, son perfectibles.

Los criterios ASG son, al final, números que, al igual que muchas veces en las leyes, dependen de la interpretación. Así, muchas empresas buscan la forma de cumplir con ellos sin respetarlos completamente. A veces, estos criterios pueden ser engañosos, pero no para las personas que se encuentran dentro de las organizaciones.

> *"Maquille las cifras Betty"*
>
> **Don Armando**
>
> Betty la Fea

Hace unos años, me encontraba laborando en una de las organizaciones más premiadas en ASG. Al inicio, me sentía seguro y veía las acciones de la empresa, que iban encaminadas al bienestar y la salud de todos los colaboradores. Sin embargo, a pesar de que probablemente en la organización buscaban permear esta cultura, en la práctica, dentro del área no era así.

Cuando se abrió una posición de mayor liderazgo, recuerdo que ascendieron a una mujer. Durante muchos años, se había pedido que se eliminaran los sesgos en los entornos laborales y que se garantizara la igualdad de condiciones para todos. Sin embargo, esta decisión se tomó únicamente para cumplir con la cuota de tener una misma cantidad de mujeres y hombres en posiciones de liderazgo, no por capacidades o desempeño, sino solo para cumplir con un estándar.

Empecé a notar importantes desbalances en las cargas laborales, así como ciertos sesgos que afectaban la compensación. Algunos colaboradores no recibían una remuneración adecuada, mientras que otros, con los que se tenía una relación más cercana, eran compensados de mejor manera.

Un amigo cercano me compartió su experiencia en el trabajo. Durante varios meses, le pidieron involucrarse de manera externa en algunas actividades filantrópicas. Estas responsabilidades adicionales no afectaban su desempeño laboral, pero a pesar de eso, el director de aquella época no las veía con buenos ojos. Incluso llegó a criticarlo y a hacer comentarios burlones sobre su dedicación a estas actividades.

A pesar del desbalance evidente en las asignaciones entre él y sus compañeros, el director seguía cargándolo con más tareas, las cuales cumplía siempre a tiempo y de manera eficiente, mientras continuaba colaborando en acciones benéficas. Sin embargo, el director interpretaba esto como una estrategia para sobresalir, viéndolo con sospecha, como si intentara destacarse por encima del resto.

En medio de esta situación, su líder inmediato, que entendía sus verdaderas motivaciones, lo llamó para hablar del tema. El líder confiaba en él y le permitió continuar con sus actividades filantrópicas, aunque fue advertido por su superior y amenazado con despedirlo si mantenía esa postura. Aun así, optó por apoyarlo y darle la oportunidad de seguir ayudando a la comunidad.

Para él, los criterios ASG representaban algo aspiracional, pero en la organización solo eran números en un informe. Meses después, decidió salir, ya que, a pesar de su buen desempeño, los líderes del área no valoraban su compromiso. Temían que alguien llamara la atención de la cúpula directiva. Aunque su salida no fue fácil, entendió que sus esfuerzos y ética no encajaban en una estructura que prefería mantener las apariencias y evitar que alguien destacara demasiado.

Capítulo 12: Trascendencia

Uno de los aspectos filosóficos que más recuerdo es el de la trascendencia. Durante todos mis estudios de preparatoria, escuchaba esta palabra con frecuencia, y poco a poco fue volviéndose más relevante en mi vida. Me hacía reflexionar sobre mis metas y cómo trazaría mi camino para alcanzarlas.

Cuando comenzamos a emprender, lo hacemos para solucionar problemas que afectan a otras personas o a la sociedad. Sin embargo, a medida que comenzamos a ver los beneficios, es posible que nos vayamos olvidando de esta intención original. Perdemos el enfoque y comenzamos a concentrarnos en lo económico. Esto fue algo que me llamó la atención, ya que siempre he querido ser recordado de manera diferente. Quiero cambiar el "qué" por el "cómo".

> *"No quiero ser comparado con nadie, gustaría imponer mi propio estilo de juego, hacer lo mejor para mí y para el club"*
>
> ***Cristiano Ronaldo***
>
> 5 veces Ganador del Balón De Oro

Ya seas empresario o empleado, poder representar un símbolo que signifique el cuidado y equilibrio entre la vida laboral y la vida personal busca un bien en la sociedad. De esta manera, también se puede dar un ejemplo de que es posible llegar lejos cuidando nuestro entorno, nuestro ambiente y a las personas que nos rodean. Que las personas deseen buscar esto de manera constante sería, para mí, lo que define el éxito; a pesar de que las metas son diferentes para cada uno y que las formas de alcanzarlas varían, el impacto en los demás es lo que realmente importa.

Aspirar a inspirar a los demás, predicar con el ejemplo y ser congruentes.

Sobre el autor

Jorge Enrique Hoyos García es un destacado profesional con una sólida formación y una trayectoria diversa en la gestión de proyectos, finanzas y la ingeniería civil. Con una Maestría en Administración de Empresas (MBA), Maestría en Finanzas y Maestría en Gestión de Energía y Fuentes Renovables, Jorge ha complementado su formación académica con certificaciones especializadas que lo posicionan como un experto en el manejo de proyectos complejos, sostenibilidad y mejora continua.

A lo largo de su carrera, ha trabajado en empresas multinacionales, como Scotiabank Inverlat y HSBC, donde ha liderado la transformación de áreas clave, optimizando recursos, gestionando carteras de proyectos, y asegurando el cumplimiento de normativas internacionales. Su enfoque en la eficiencia ha generado importantes ahorros presupuestales, incluyendo la optimización de 53 millones de pesos en su actual rol como Senior Manager de Estrategia en Scotiabank Inverlat.

Jorge cuenta con una amplia experiencia en la implementación de metodologías ágiles, mejora continua bajo la metodología Lean Six Sigma (donde posee el nivel de Master Black Belt), y gestión de cambios organizacionales. Su habilidad para manejar grandes proyectos de ingeniería y su conocimiento en el manejo de riesgos y cumplimiento normativo lo han llevado a desarrollar oficinas de gestión de proyectos (PMO) en empresas multinacionales.

Además de su experiencia técnica, Jorge destaca por su formación en diversas áreas como inteligencia emocional, análisis de negocios y gestión de programas, lo que refuerza su capacidad de liderazgo y visión estratégica en la industria 4.0 y en la gestión de proyectos sustentables. Con un enfoque en la sostenibilidad y el desarrollo de iniciativas que contribuyan tanto a la mejora organizacional como al impacto social y ambiental, es un referente en su campo.

Con su experiencia internacional y formación multidisciplinaria, Jorge Enrique Hoyos García sigue impulsando transformaciones empresariales hacia un futuro más eficiente, sostenible y responsable.

©2024, Jorge Hoyos.

© Esto edición: Clara Govela. editorial 2024.

Primera edición en México: agosto 2024.

Imprimir en México.

La edición de este libro estuvo bajo el cuidado de la Lic. Clara Evelina Govela Martínez.

Portada: Lic. Clara Evelina Govela

Martínez.

Contraportada: Lic. Clara Evelina Govela Martínez.

www.ingramcontent.com/pod-product-compliance
Lightning Source LLC
Chambersburg PA
CBHW071457220526
45472CB00003B/838